Seraina Winzeler

Filme zwischen Spur und Ereignis

Erinnerung, Geschichte und ihre Sichtbarmachung im Found-Footage-Film

FILM- UND MEDIENWISSENSCHAFT

Herausgegeben von Irmbert Schenk und Hans Jürgen Wulff

ISSN 1866-3397

24 *Jana Heberlein*
Die *Neue Berliner Schule*
Zwischen Verflachung und Tiefe: Ein ästhetisches Spannungsfeld in den Filmen von Angela Schanelec
ISBN 978-3-8382-0407-9

25 *Karoline Stiefel*
Geistesblitze und Genialität – Bilder aus dem Gehirn des Detektivs
Die Visualisierung von Imagination in den TV-Serien SHERLOCK und HOUSE, M.D.
ISBN 978-3-8382-0522-9

26 *Stephanie Boniberger*
Musical in Serie
Von Buffy bis Grey's Anatomy: Über das reflexive Potential der special episodes amerikanischer TV-Serien
ISBN 978-3-8382-0492-5

27 *Phillip Dreher*
Morin und der Film als Spiegel
Eine theoriegeschichtliche Verortung der Filmtheorie von Edgar Morin
ISBN 978-3-8382-0486-4

28 *Marlies Klamt*
Das Spiel mit den Möglichkeiten
Variantenfilme – Zwischen Multiperspektivität und Chaostheorie
ISBN 978-3-8382-0811-4

29 *Ralf A. Linder*
Zwischen Propaganda und Anti-Kriegsbotschaft:
Die Darstellung des Krieges im US-amerikanischen Spielfilm als Indikator gesellschaftlichen Wandels
ISBN 978-3-8382-0750-6

30 *Jana Zündel*
An den Drehschrauben filmischer Spannung
Zeit und Raum bei Alfred Hitchcock.
Verzögerungen und Deadlines, klaustrophobische und expansive Räume
ISBN 978-3-8382-0940-1

31 *Seraina Winzeler*
Filme zwischen Spur und Ereignis
Erinnerung, Geschichte und ihre Sichtbarmachung im Found-Footage-Film
ISBN 978-3-8382-0414-7

Seraina Winzeler

FILME ZWISCHEN SPUR UND EREIGNIS

Erinnerung, Geschichte und ihre Sichtbarmachung im Found-Footage-Film

ibidem-Verlag
Stuttgart

Bibliografische Information der Deutschen Nationalbibliothek
Die Deutsche Nationalbibliothek verzeichnet diese Publikation in der Deutschen Nationalbibliografie; detaillierte bibliografische Daten sind im Internet über http://dnb.d-nb.de abrufbar.

Bibliographic information published by the Deutsche Nationalbibliothek
Die Deutsche Nationalbibliothek lists this publication in the Deutsche Nationalbibliografie; detailed bibliographic data are available in the Internet at http://dnb.d-nb.de.

∞

Gedruckt auf alterungsbeständigem, säurefreien Papier
Printed on acid-free paper

ISSN: 1866-3397

ISBN-13: 978-3-8382-0414-7

Printed in the EU

Inhaltsverzeichnis

1 Einleitung

Die mit der Geburtsstunde des Films entstandene Praxis des Verwendens von nicht selbst hergestellten, sondern vorgefundenen Bildern hat schon früh diverse Ausprägungen und Methoden erfahren. Wiederverwendete Filmfragmente finden sich in fast allen Gattungen des Films. Während jedoch im Dokumentar-, Kompilations- und oft auch im Spielfilm gefundene Bilder meist zur Authentisierung eingesetzt werden – da sie scheinbar unvermittelt zeigen, wie es wirklich war –, impliziert die materielle Aneignung im Found-Footage- oder Essayfilm einen kritischen und selbstreflexiven Umgang mit Bildern. Diese untersucht Bilder hinsichtlich ihrer ideologischen Aufladung, ihres Einsatzes und ihrer Rezeption.

In der vorliegenden Studie diskutiere ich drei Filme, die sich auf einer inhaltlichen und formalen Ebene mit den Themenkomplexen der Erinnerung, des Gedächtnisses und der Geschichtsschreibung auseinandersetzen, und in deren Bearbeitungen von vorgefundenen Bildern ich einen solch selbstreflexiven Umgang beobachte.

Selbstreflexive Sekundärbearbeitungen

In *Aufschub* (Deutschland 2007) greift Harun Farocki auf ein Filmfragment aus dem Konzentrationslager Westerbork zurück, das vom jüdischen Häftling Rudolf Breslauer im Auftrag der nationalsozialistischen Lagerleitung erstellt wurde. Die Bilder stehen hier unter dem doppelten Paradox einer Nichtabbildbarkeit: Im Moment ihrer Erstellung sollten sie zeigen, ohne zu zeigen, sie sollten ein Leben im Lager dokumentieren, ohne die Realität dieses Lebens – die Gefangenschaft, die Angst vor Deportation und Tod – tatsächlich sichtbar zu machen. Gleichzeitig sind dies Bilder eines Ereignisses, das zum Paradigma des Undarstellbaren geworden ist, denn keine Abbildung kann die zutiefst traumatische Erfahrung der systematischen Vernichtung der Juden und anderer Bevölkerungsgruppen repräsentieren. Farocki bezieht sich auf ein historisches Ereignis, dessen Undarstellbarkeit gleichzeitig eine immense Zahl von Visualisierungen gegenübersteht – die Bilder aus Westerbork erweisen sich als wertvolle und einzigartige Überreste eines kollektiven Gedächtnisses.

Anders als Farocki bearbeitet Lisl Ponger in *Passagen* (Österreich 1996) mit privaten Reisefilmen ephemere Aufzeichnungen, die üblicherweise kaum in ein kollektives Gedächtnis überführt werden. Durch die Kontrastierung mit Erzählungen von Flucht- und Exilerfahrungen auf der Tonspur wandeln sich die ursprünglich in einem privaten Kreis der Identitätsstiftung dienenden Bilder ins Imaginäre und Unheimliche. Während Farocki darauf besteht – darauf bestehen muss –, dass die Aufnahmen aus Westerbork etwas vormalig Existierendes belegen, verweist Ponger auf die Undarstellbarkeit traumatischer Ereignisse, aber auch auf historische Vernetzungen und Zusammenhänge, die erst in der von ihr erarbeiteten Kontextualisierung sichtbar werden.

Bill Morrison vereint in *The Film of Her* (USA 1997) diverse Filmfragmente, die unterschiedlichen historischen und filmischen Kontexten entstammen. Spielerisch bedient er sich fiktionaler Erzählstrategien, deren Konstruktion durch die Montage dem Zuschauer konstant bewusst bleibt. Hier rückt das Verhältnis zwischen Betrachter und Film ins Blickfeld und damit die subjektive Aufladung des Bildes durch den Betrachter. Dies kumuliert im Bruchstück eines frühen pornografischen Films, dem *film of her*. Mit einer beliebig fiktionale und dokumentarische Elemente verschränkenden Erzählung thematisiert Morrison Herstellungs-, Funktions- und Überlieferungsweisen von Film und erzählt damit eine Geschichte des Films.

Inhaltlich greifen die Filme mit Erinnerung und Geschichtsschreibung Thematiken auf, die Analogien zu ihren eigenen medialen Strukturen aufweisen. Wie der Film ist auch die Erinnerung gekennzeichnet durch das nur partiell Verfügbare – was anwesend ist, ist gleichzeitig auch abwesend. In einer melancholischen Arbeit an der Geschichte wird die Auseinandersetzung mit den Funktionsweisen der Erinnerung in die formale Gestaltung der Filme übertragen. Ein als fragmentarisch und vermittelt begriffenes Geschichtsbild manifestiert sich im Verzicht auf eine kontinuierliche Repräsentation von Geschichte(n) und mit der Aufnahme von elliptischen und zirkulären Strukturen der Erinnerung wie Lücken, Wiederholungen oder assoziativen Verkettungen.

Oberflächenarbeit

Bei der Auswahl des Materials greifen die Filmemachenden auf überlieferte Filme oder Filmfragmente zurück. Sie fragen danach, was in diesen Beständen gespeichert ist und transformieren das Material anhand einer Neukontextualisierung. In einer Lektüre der Sichtbarmachung treten diskursive Aufladungen der Bilder, aber auch ihr spezifischer Modus des Konservierens und Ausstellens hervor. Die gefundenen Filme dienen nicht der Illustration eines bestimmten Sachverhalts, sondern sie selbst sind in ihrem Entstehungskontext, ihrer Rezeption und ihrer Erscheinungsweise Gegenstand der Betrachtung. Filmische Dokumente oder Quellen sind Orte der Speicherung, die jedoch nicht unvermittelt Geschichte oder Erinnerung konservieren, um einer Gegenwart die Vergangenheit zugänglich zu machen. Das Bewusstsein, das Erinnerung und Geschichte nur medial zugänglich und durch die Konstituenten der aufzeichnenden Medien bestimmt sind, ist für die hier betrachteten Bearbeitungen fundamental. Da Film auf fotografischer Abbildung beruht, gilt, was Roland Barthes in folgenden Worten festgehalten hat: Es „lässt sich in der PHOTOGRAPHIE nicht leugnen, dass *die Sache dagewesen ist*“ (Barthes 1989: 86; Hervorhebung i.O.). In den Bildern scheint Zeit gespeichert zu sein, etwas Abwesendes und nicht mehr Greifbares ist visuell fixiert. Es ist ihr Haften am Referenten, das dazu verführt, fotografische Abbildungen zur Authentisierung und als Wahrheitsbelege einzusetzen. Barthes jedoch überlässt sich bei der Betrachtung des Bildes der „Einbildung“ (ebd. 85). Die Fotografie ist nicht Erinnerung, sondern sie blockiert diese, da sie den Blick mit Gewalt ausfüllt (vgl. ebd. 102). Bilder sind Resultate und Spuren des Momentes ihrer Erzeugung. Sie sind aber durch die Konstituenten des jeweiligen Mediums konstruiert und modelliert und entfalten darüber hinaus eine Wirkung, die Macht über den Betrachter ausübt, welcher wiederum Eigenes in das Bild zurückprojiziert. Filmbilder sind Schnittflächen, in denen Momente ‚vor‘ und ‚nach‘ deren Erstellung kumulieren. Die Bedeutungserzeugung und das Potential der Bilder als Erinnerungsbilder zu fungieren erfolgt auf verschiedenen Ebenen und in diversen Schichtungen, die wechselwirkend ineinandergreifen, sich überlagern und verdichten.

Trotz des Wissens um die Mangelhaftigkeit und die Unmöglichkeit der Repräsentation versuchen die hier diskutierten Filme in komplexen Verknüpfungen von dokumentarischen und fiktionalen Formen doch „Augenblicke der Wahrheit“ zu artikulieren.[1] Die Fragen, die hier an Abbildungen gestellt werden, zielen nicht auf eine bestimmte Aussage einer Ereignisgeschichte. Vielmehr fragen sie nach den Bildern selbst. In der Oberfläche der Bilder, im Vorhandenen wird nach Wissen und Erkenntnis gesucht. Diese Oberfläche ist Ausgangs- und Angelpunkt der Auseinandersetzung. Anhand der filmischen Realität wird sichtbar gemacht, was im

[1] Die Augenblicke sind das Sichtbare, worüber wir verfügen, um uns trotz allem eine Aussage oder ein Bild machen zu können (vgl. Didi-Huberman 2007: 55, in Anlehnung an Hannah Arendts „Momente der Wahrheit“).

Bild selbst unsichtbar bleibt.[2] Denn hier ist nicht nur das Abgebildete festgehalten, sondern es werden auch ideologische und diskursive Positionen und Praktiken sichtbar – Einschreibungen der „nichtfilmischen Realität", der „vorfilmischen Realität" und der „Realität Film". Weiter unterliegen Filme in der nachfilmischen Realität einem sich wiederholenden historisch und kulturell wandelbaren Prozess der Wahrnehmung, Wirkung und Rezeption.[3] Mit diesen mehrfachen Realitätsbezügen, die Bedeutungen und Aussagen mitbestimmen, zeigen sich Filmbilder zutiefst verstrickt in Zusammenhänge der Produktion, Distribution und Rezeption.

Die Lektüre der Filmemachenden stellt selbst eine rezeptionsgeschichtliche Deutung dar. Hinsichtlich dieser Perspektivierung gewinnt die Bildmontage und die Bild-/Tonmontage an Wichtigkeit. Das Bild selbst ist nicht in sich Erinnerung oder Geschichte. Von außen wird ihm eine Bedeutung zugeschrieben und in der neuen Konstellation werden Aussagen generiert. Die verwendeten Filme stehen in bestimmten historischen Kontexten, die ihre vormaligen Aussagen bestimmten. Aus diesen Kontexten sind die Bilder nicht mehr zu lösen, wie eine weitere Schicht legt sich die neue Bearbeitung über frühere. In der Transformation in eine neue Konstellation werden diese nicht einfach überschrieben, sondern aufgenommen, sichtbar gemacht und verändert. Die Aktualisierung ist eine Lektüre von vielen, sie erfolgt aus einer bestimmten diskursiven Perspektive und impliziert eine Machtposition, die die Aktualisierung erst ermöglicht.

Spur und Ereignis

In der Diskussion der Filme zeigt sich eine Entwicklung weg vom Insistieren auf die Anwesenheit einer ausserfilmischen Referenz hin zu einer imaginären

---

2 Die Begriffe zu den Realitätsbezügen des Dokumentarfilms entlehne ich Eva Hohenberger (vgl. 1988: 28–30). Als „vorfilmische Realität" bezeichnet Hohenberger die Realität, die sich im Moment der Filmaufnahme vor der Kamera befindet und die in der Abbildung die Grundlage darstellt für die filmische Realität, die auch als relativ autonomer Text begriffen wird. Die „nichtfilmische Realität" gibt als Grundlage und Ausgangspunkt für die vorfilmische im weitesten Sinne politisch und ideologisch vor, was abgebildet wird, während der Film später in einer „nachfilmischen Realität" wahrgenommen und rezipiert wird. Die „Realität Film" bezeichnet schliesslich den Film als Institution und damit die Produktionsaspekte eines Films, die Organisation, Finanzierung, Technik, Werbung usw.

3 Die Wahrnehmung bezeichnet hier den körperlichen und mentalen Akt der Betrachtung, während die Rezeption das Aufnehmen, Verstehen, gesellschaftliche Diskutieren und Reflektieren umfasst.

Aufladung des Bildes durch einen Betrachter. Dies dient dem thematischen Aufbau und der vertiefenden Betrachtung der einzelnen Aspekte, soll jedoch keine Ausschliesslichkeit suggerieren: Die Existenz zwischen „Spur“ und „Ereignis“ ist für alle Filme konstitutiv. Ausgehend von bild- und medientheoretischen Ausführungen von Barthes (1989, 1990) und Ruchatz (2004) verwende ich die beiden Begriffe der Spur und des Ereignisses in einem übertragenen Sinn und problematisiere damit ihre ursprüngliche Bedeutung. Filmische Abbildungen sind keine partiellen Rückstände historischer Ereignisse, die anhand von scheinbar authentischen Spuren rekonstruiert werden können. Die Fotografie als Beleg von etwas, was tatsächlich einmal da war, wird von Barthes in *Die helle Kammer* (1989) zwar als bestimmende phänomenologische Eigenschaft hervorgehoben, jedoch gleichzeitig problematisiert, wenn er den Fokus auf den Moment der Lektüre und auf die subjektive Aufladung der Bilder verlagert. Fotografische Abbildungen erscheinen als Spuren, da sie indexikalisch etwas anzeigen, was sie gleichzeitig ikonisch abbilden (vgl. Ruchatz 2004: 90). Ein solches Verständnis von Film als Spur relativiert sich sogleich wieder, da die Lesbarkeit blockiert bleibt. Die Bedeutung solcher Spuren werden ihnen von Außen zugeschrieben, sie sind keine unschuldigen Überbleibsel einer Vergangenheit, sondern werden aus „den Interessen und mit den Verfahren der jeweils interpretierenden Gegenwart erst erzeugt“ (ebd. 90). Fotografische Abbildungen als Spuren führen, so wird in den vorliegenden Bearbeitungen deutlich, nicht direkt zu einer vormalig existierenden ausserfilmischen Referenz. Vielmehr verweisen sie auf ihre Form und ihre Entstehungsprozesse sowie auf die diskursiven Verflechtungen, in denen sie existieren. Die Bilder sind Spuren von Aufzeichnungen und historisch und kulturell bestimmten Ästhetiken. Die Spur zeigt nicht nur eine vergangene Präsenz an, sondern sie ist selbst Präsenz. Auf diese Präsenz fokussiert der Begriff des Ereignisses. Dieser bezeichnet hier nicht länger ein bestimmtes, datier- und beschreibbares Geschehen einer Ereignisgeschichte, sondern kritisiert ein solch positivistisches Geschichtsbild. Bilder selbst sind mediale Ereignisse. Sie sind immer *mehr* als nur Quellen oder Belege, Splitter von etwas Geschehenem. In einer eigenständigen Existenz treten sie in neuen Zusammenhängen auf, als einmaliges Ereignis ihrer Aktualisierung in einer gewissen Konstellation. Wie Barthes aufgezeigt hat, gewinnt der Moment des Betrachtens an Bedeutung. In einem wechselseitigen Verhältnis perspektivieren Betrachter Bilder hinsichtlich ihrer Erinnerungspotentiale, wobei sowohl vormalige als auch gegenwärtige

Einschreibungen in die Bilder wirksam werden. Neben die Nichtzugänglichkeit des Abgebildeten tritt die überwältigende Präsenz des Vorliegenden, das phantasmatisch überwältigt, aber nie greifbar wird. Im Film wird dies im Vergleich zur Fotografie noch verstärkt, da die rasche Abfolge und ihre Belichtung in der Projektion den Bildern Bewegung verleiht.

Vorgehen und Aufbau

Im Folgenden untersuche ich also Praktiken der Erstellung, des Einsatzes und der Deutung von filmischen Bildern und begreife diese als bedeutend für die Bildung eines gesellschaftlichen Wahrnehmens, Denkens und Erinnerns. Für die Analyse beziehe ich mich auf einführend dargestellte kultur-, bild- und medienwissenschaftliche Positionen. Kapitel 2.1 verortet die materielle Aneignung von Bildern innerhalb verschiedener filmhistorischer Traditionen und gibt einen knappen Überblick zum Forschungsstand. Einer dokumentarischen Strategie, die die Bilder als eine bestimmte historische Aussage liest, steht eine Vielzahl experimenteller und essayistischer Herangehensweise gegenüber, die auf selbstreflexive Weise das Mediale der Bilder selbst thematisiert.[4] Dabei umfasst kein Gattungsbegriff sämtliche Praktiken, vielmehr muss die Arbeit mit gefundenen Bildern immer wieder neu auf ihre spezifischen Bezüge und Erkenntnisinteressen hin untersucht werden.

Die von Michel Foucault hinsichtlich seiner Kritik an der traditionellen Geschichtsschreibung in *Archäologie des Wissens* (1981, französisch 1969) explizierten Begriffe des „Monuments" und des „Dokuments" dienen als Instrumentarium, um die hier untersuchten diskursiven Strategien der Sekundärbearbeitung zu beschreiben. Als Kategorien der Betrachtung schärfen diese den Blick für die Modi der historiografischen Lesbarmachung von Quellen, wobei Foucault ein Verständnis derselben als direkte Spuren einer Vergangenheit verwirft und den Fokus auf ihre spezifischen Erscheinungs- und Existenzweisen verlagert. Anschließend vertiefe ich theoretische Aspekte der Montage, die als wichtigster Parameter der Bedeutungserzeugung fungiert. Ich greife auf von Christina Scherer

---

[4] Neben der Auseinandersetzung mit vorherrschenden und etablierten Ausdrucksmöglichkeiten und Darstellungsstrategien, in der kodifizierte Formen aufgebrochen werden, verstehe ich Selbstreflexivität hier als eine grundsätzliche Reflexion über Film. Die Frage nach der Möglichkeit von Repräsentation muss die Konstituenten des Mediums mitreflektieren und impliziert oft auch ein Nachdenken über die eigene Position.

(2001: 72-82) in Bezug auf essayistische Strategien dargelegte Konzeptionen der Montage zurück, die sich unter anderem auf Sergej Eisenstein und Walter Benjamin beziehen.

Wie Hayden White (1994: 123-157) aufgezeigt hat, lässt sich Geschichtsschreibung nicht länger als eine objektive Kategorie betrachten. Die historiografische Darstellung ist subjektiv geprägt und nimmt fiktionale Strukturen auf. Eine textbasierte Geschichtsschreibung ergänzend hat vor allem die kulturwissenschaftliche Gedächtnisforschung, der sich Kapitel 2.2 widmet, die Bedeutung anderer Medien und Formen der Erinnerung und des Gedächtnisses hervorgehoben. Allen voran haben Aleida und Jan Assmann Formen und Funktionsweisen des kulturellen Gedächtnisses stark gemacht (Aleida Assmann 2003, 2004; Jan Assmann 1988, 1998). Diese Autoren fragen danach, inwiefern kulturelle Objektivationen bestimmte Erinnerungsbestände perspektivieren und Gedächtnisbestände überliefern, die die Identität einer Gesellschaft konstituieren. Neben einer politisch und historiografisch ausgerichteten Auseinandersetzung mit der Vergangenheit wurden nun etwa auch individuelle und subjektive Erinnerungen Teil einer wissenschaftlichen Geschichtsforschung. Die Aufweichung vermeintlicher Gegensätze macht deutlich, dass diese verschiedenen Perspektivierungen nicht eindeutig zu trennen sind, vielmehr überlagern sie sich und greifen ineinander über. Ein gedächtnistheoretischer Zugriff ermöglicht eine Beschreibung von Film als Medium eines kollektiven Gedächtnisses, dessen sozialkonstruktivistischen Bedeutungen aus der Perspektive einer bestimmten Gegenwart erzeugt werden. Damit rücken Fragen der Speicherung und Aktualisierung von Gedächtnisbeständen in den Fokus, die gerade hier relevant werden, denn die Lektüre der FilmemacherInnen stellt einen Rückgriff auf solche Bestände und eine Aktualisierung derselben dar.

Die medientheoretischen Annahmen, auf die das kollektive Gedächtnis fusst, wurden in an die Ausführungen von Assmann und Assmann anknüpfenden Aufsätzen vertieft. Bezüglich fotografischer Abbildungen und deren Gedächtnispotential beziehe ich mich hauptsächlich auf den Aufsatz von Jens Ruchatz (2004). Dieser bestimmt unter anderem den Begriff der Spur als möglicher medialer Gedächtnisbezug, wobei er, wie bereits erwähnt wurde, eine indexikalische Lektüre von Fotografien problematisiert. Um das Moment der Lektüre eingehender zu betrachten, führe ich am Schluss des Theorieteils Barthes bildtheoretische

Überlegungen bezüglich Film und Fotografie eingehender aus (vgl. Barthes 1989, 1990).

In Kapitel 3 zu *Aufschub*, 4 zu *Passagen* und 5 zu *The Film of Her* analysiere ich die einzelnen Filme, dabei steht die Betrachtung der Montage und der Bild-/Tonmontage im Vordergrund.[5] Die beobachteten Strategien setzen sich mit kodifizierten Ausdrucksmöglichkeiten auseinander und skizzieren gleichzeitig ein bestimmtes Verständnis von Medium und Wirklichkeit sowie deren Wechselverhältnissen. Untersucht wird mit den Foucaultschen Begriffen des Dokuments und des Monuments auch die Referenz der Bilder.

Die Montage verändert auch den Ablauf der Zeit. Zeitebenen können miteinander verknüpft werden, sie werden verdichtet, gedehnt, wiederholt. Dies korrespondiert mit zeitlichen Erinnerungsvorgängen, entwirft aber auch ein Verständnis von Geschichte, das diese als nicht linear, sondern zyklisch begreift.

Bezüge zu anderen Werken werden dort hergestellt – vor allem für *Aufschub* und *Passagen* –, wo damit weitere Bedeutungsebenen aufgezeigt werden können. Diese Vorgehensweise ergibt sich aus den Filmen selbst, in denen durch die Aufnahme von bestehendem Material Verknüpfungen entstehen, die die Filmbilder in einem Geflecht verschiedener Praktiken, Repräsentationsformen und Diskurse einordnen. Zentral ist auch der ursprüngliche Kontext, der die ästhetische Bearbeitung bestimmt. Implikationen ihrer Herkunft und ihrer fortlaufenden Aktualisierung werden in der Bearbeitung verdeutlicht. Kapitel 6 führt abschliessend die einzelnen Betrachtungen zusammen und setzt sie nochmals zu den Begriffen der Spur und des Ereignisses in Bezug.

---

[5] Um auf einzelne Szenen zu verweisen, zitiere ich in meine Analysen die drei Filme mit dem Anfangsbuchstaben, gefolgt von der Minutenangabe (A für *Aufschub*, P für *Passagen*, F für *The Film of Her*).

2 Erinnerung, Geschichte und das Medium Film

2.1 Found-Footage – historische Verortung und Bearbeitungsstrategien

Bereits Jay Leyda verweist in einer der ersten Studien zum Kompilationsfilm *Film beget Films* (1967; engl. 1964) auf das breite Spektrum von Quellen, Bearbeitungsstrategien und Bedeutungserzeugungen in den von ihm untersuchten Filmen.[6] Gefundene oder in Archiven aufgespürte Bilder können in Dokumentarfilmen scheinbar geschichtliche Ereignisse belegen, sie werden in Spielfilme montiert, etwa in *JFK* (Oliver Stone, USA 1991) und *Hiroshima mon Amour* (Alain Resnais, Frankreich 1960), oder im Avantgardefilm in ihre einzelnen Bewegungsmomente zerlegt, wie in Martin Arnolds *Passage à l'acte* (Österreich 1993). Die Aneignung von nicht selbst hergestellten Bildern, die innerhalb eines Werks verwendet oder zu einem eigenen Werk verarbeitet werden, stellt also weniger eine bestimmte Gattung als eine Praxis des Filmemachens dar. Diese hat historisch unterschiedlichste Ausprägungen erfahren und sich mit der digitalen Bildproduktion und -distribution sowie neuen hybriden Gattungen wie dem Essayfilm weiter diversifiziert und ausgebreitet.

Gewisse Strategien der Bearbeitung haben besondere Bedeutung gewonnen. In der Tradition des Kompilationsfilms – ein frühes Beispiel sind etwa die Filme von Esfir Schub – wird Archivmaterial innerhalb einer dokumentarischen Erzählung geordnet um ein nichtfilmisches Ereignis zu repräsentieren. In Abgrenzung dazu bezeichnet der vor allem auf amerikanische und österreichische Traditionen bezugnehmende Begriff Found-Footage eine selbstreflexive Modalität der Sekundärbearbeitung. Diese nimmt über die Neudeutung eines bestimmten

---

6 In einer ausführlichen historischen Betrachtung zeigt Leyda anhand von Beispielen die diversen Modi der Wiederverwendung von filmischem Material auf. Bereits in den frühen Jahren des Kinos eine häufig eingesetzte Praxis um etwa Wochenschauen den geforderten Verhältnissen anzupassen, entstehen in den 1920er Jahren in Russland mit den Filmen von Esfir Schub bemerkenswerte Kompilationsfilme – nicht zufällig im Umfeld von Lew Kuleschow und Sergej Eisenstein, denn Bearbeitungsstrategien von Kompilations- und Found-Footage-Filme fussen massgeblich auf deren Konzeption der Montage. Der Einsatz von gefundenen Bildern ist bei so unterschiedlichen Filmemachern wie Alberto Cavalcanti, Hans Richter oder Chris Marker und in Gattungen wie Spiel- oder Propagandafilm zu beobachten und weist damit diverse Ausprägungen auf. Leyda hinterfragt jedoch den Nutzen der Archivbestände und die Möglichkeit des Kompilationsfilms, sich solcher „Rohmaterialen der Geschichtsforschung zu bedienen […] [und] Geschichte zu lehren" nicht grundsätzlich (Leyda 1967: 190).

Ereignisses oder Sachverhalts hinaus das Bild selbst sowie dessen kulturtheoretische und geschichtsphilosophische Implikationen in den Blick. Während der Kompilationsfilm das Material nicht grundsätzlich hinterfragt, fokussiert der Found-Footage-Film Funktion und Wesen der Bilder ebenso wie die Glaubenssysteme und Wahrnehmungsvorgänge, die diese hervorgebracht haben (vgl. Sandusky 1991: 15).

Die kritische Befragung von Formen und Wirkungsweisen der filmischen Repräsentation erscheint als logische Konsequenz einer immer stärker medial geprägten Wirklichkeit und manifestiert sich in einer Arbeit an den Bildern selbst. Ausgehend von den USA, wo mehr filmisches Material zirkuliert als irgendwo sonst, beobachten Cecilia Hausheer und Christoph Settele (vgl. 1992: 4) eine wachsende Bedeutung von Found-Footage seit den 1980er Jahren.[7] Die Montage und die Bild-/Tonmontage sind grundlegende Prinzipien einer Mehrzahl der Strategien – auch des Kompilationfilms –, denn erst sie ermöglichen die Neuarrangierung des Materials. Ansonsten sind alle möglichen filmischen Bearbeitungen denkbar: über die Zeitlupe zum Loop und der Wiederholung, vom Stillstand und der Fixierung des Bildes bis zur Bearbeitung des Filmstreifens selbst durch Zerkratzen, Verfärben oder Bleichen.

Die Literatur zu diesem ästhetischen Verfahren der Transformation und Umdeutung von fremden Bildern ist noch immer relativ schmal. Der von Hausheer und Settele herausgegebene Sammelband *Found Footage Film* (1992) gehört neben den Aufsätzen im Sonderheft der österreichischen Zeitschrift *Blimp* Nr. 16, *Found Footage. Filme aus gefundenem Material* (1991) zu den Standardwerken im deutschsprachigen Raum. Diese Publikationen – beide anlässlich einer Retrospektive von Found-Footage-Filmen erschienen – zeigen die Vielfalt von Bearbeitungsmöglichkeiten und theoretischen Zugängen auf und lassen Filmemacher selbst zu Wort kommen, sowohl in persönlichen *Statements* über ihre Arbeit als auch in theoretischen Beiträgen.[8] Jüngere Publikationen, so etwa Gabriele Jutz in *Cinéma brut. Eine alternative Genealogie der Filmavantgarde* (2010), verorten den Found-Footage-Film in seinen kunsthistorischen Kontexten und

---

[7] Tscherkassky verortet den Aufschwung des Found-Footage-Films in den USA infolge eines Paradigmenwechsels in den 1970er Jahren durch das Entstehen der Videokunst einerseits und als Emanzipation der dem New American Cinema folgenden Generation andererseits, die den Dialog mit der eigenen medial konservierten Geschichte eröffnet (Tscherkassky 1992: 26–34/1995: 82–92). Auch in Österreich hat sich mit den Filmen von Peter Tscherkassky selbst, Martin Arnold, Lisl Ponger u.a. eine bedeutsame Found-Footage-Bewegung herausgebildet.

[8] Vgl. Sandusky 1991, Tscherkassky 1992, 1995, Conner 1992.

positionieren ihn als eine zentrale Richtung des Avantgardefilms. In ihrer umfassenden Monografie *Kino aus zweiter Hand. Zur Ästhetik materieller Aneignung im Film und in der Medienkunst* (2009) diskutiert Christa Blümlinger heterogene Aneignungs- und Bearbeitungsstrategien in ihren film- als auch kunsthistorischen Bezügen. Die Autorin weist darauf hin, dass sich eine neue einflussreiche Richtung des Archivkunstfilms dokumentarisch-essayistischen Strategien bedient und an den Schnittstellen von Film und Kunst situiert. Der Sammelband *Ortsbestimmungen. Das Dokumentarische zwischen Kino und Kunst* (2016) von Eva Hohenberger und Katrin Mundt diskutiert folglich auch Found-Footage-Film, ebenso ein jüngerer Tagungsband mit dem Titel *Der Essayfilm. Ästhetik und Aktualität* (2011). Mehrere Artikel beschäftigen sich hier mit Harun Farocki. Dessen Werk nimmt innerhalb der an Bedeutung gewonnenen essayistischen Tradition offensichtlich eine hohe Stellung ein.

Keine der verwendeten Begrifflichkeiten deckt dabei das ganze Spektrum der materiellen Aneignung von Bildern ab. Die Bezeichnung Found-Footage nimmt Bezug auf Traditionen des Experimentalfilms und impliziert einen nicht archivwürdigen ephemeren Charakter des Materials, sodass der Filmemacher Nathaniel Dorsky sogar von *lost footage* spricht (vgl. Zyrd 2002: 114). Oder Bruce Conner: „Ich habe mich all diesen Dingen zugewandt – Dingen, die weggeworfen werden – bei denen wir auf sicher annehmen, dass es sich dabei um nichts Ernsthaftes handelt, nicht um Kunst“ (Conner 1992: 102). Die Arbeit mit Found-Footage ist folglich eine Praxis der Wiederverwertung von Bildern, die ihr Material überwiegend aus dem „Abfall der Massenmedienlandschaft“ bezieht (Zyrd 2002: 114-115). Auch Kirchmann (2006: 497-512) betont, dass sich gerade in diesem Rückgriff auf im künstlerischen Sinne als minderwertig angesehenes Material das spezifische Bild- und Kulturverständnis des Found-Footage-Films artikuliert, ein Verständnis von Film als Kultur und nicht als Kunst.

Eine Reflexion von Film in seiner gesellschaftlichen und kulturellen Bedeutung zeichnet auch die in den letzten Jahren dominant gewordene dokumentarisch-essayistische Herangehensweise aus (Elsaesser 2016: 144). Solche Filme wurden von Christa Blümlinger auch als Archivkunstfilme bezeichnet.[9] Da das Archiv jedoch die zu einem bestimmten Zeitpunkt und unter einer bestimmten Denkweise als wertvoll eingestuften Aufzeichnungen von nicht wertvollen trennt,

---

[9] Vgl. Blümlinger 2009 und 2003: 82, in Anlehnung an Sharon Sandusky 1992.

scheint dieser Begriff das den Found-Footage-Film konstituierende Arbeiten mit übrig gebliebenem, nicht zur Bewahrung aufbereitetem Material zu unterschlagen. Man kann jedoch den Begriff des Archivs auch anders als im herkömmlichen Verständnis als Aufbewahrungsort verstehen. In Bezug auf Foucault beschreibt Blümlinger das Archiv als das System der Formation und Transformation der Aussagen, das dieses anhand von spezifischen Regelmässigkeiten erst erzeugt (Foucault 1981: 186-187). Damit wird nicht die Summe aller Texte oder deren Aufbewahrungsort für zukünftige Gedächtnisse benannt, sondern die „spezifischen Regelmässigkeiten", die diese Aussagen entstehen lassen: Das „Archiv ist das Gesetz dessen, was gesagt werden kann, das System, das das Erscheinen der Aussagen als einzelne Ereignisse beherrscht" (ebd. 187). Aussagen erscheinen nicht zufällig oder aus einer vorgegebenen Logik des Denkens, sondern ihr Erscheinen ist in bestimmte diskursive Felder und Praktiken eingebunden. Das Archiv bestimmt sowohl die Entstehungs- und Erscheinungsmöglichkeiten der Aussagen und das System ihres Funktionierens als auch die Dauer ihres Erscheinens. Der so verstandene Begriff impliziert ein Bewusstsein dafür, dass wir nur innerhalb der Regeln des Archivs sprechen können. Der Archivkunstfilm untersucht folglich die Gesetzmässigkeiten, die eine Aussage erzeugen, und versucht, die materiellen und diskursiven Bedingungen ihres Erscheinens freizulegen.

Hinsichtlich einer immer intensiver werdenden Rotation von Bildern stellt Blümlinger (2004: 340) Kategorisierungen grundsätzlich in Frage.[10] Blümlinger nimmt den unterschiedlichen Gebrauch von Archivmaterial oder Found-Footage als Ausgangspunkt, um Definitionsschwierigkeiten aufzuzeigen und Dichotomien aufzubrechen. Sie verortet die Arbeit mit vorgefundenen Bildern innerhalb mehrerer und verschiedener Praktiken, deren Aussageweisen sich überschneiden:

> In n'existe donc rien de tel que ,la' conception canonique du collage ou du (re)montage, si intéressants que soient les débats esthétiques suscités par cette question. ,Le' cinéma de remploi, comme genre, n'existe pas davantage. Il existe cependant de multiples histoires du remploi de matériaux trouvés, il existe des affinités et des influences, et il est possible,

---

[10] Vgl. Blümlinger 1998, 2003, 2004. Blümlinger 2004 nimmt Bezug auf William C. Wees, der in seinem Aufsatz *Found Footage und Fragen der Repräsentation* (1992) die drei wichtigsten Methoden der Arbeit mit Found-Footage mit den Begriffen „Collage", „Kompilation" und „Aneignung" beschrieb. Jede dieser Methoden entwirft dabei einen anderen Realitätsbezug, die Collage stellt laut Wees „die grundlegendsten und schärfsten Fragen an die Macht filmischer Darstellung" (ebd. 38).

voire nécessaire, d'analyser et de commenter individuellement les films, les vidéos numériques ou électroniques, les installations qui prennent pour matière des films préexistants (ebd. 343).[11]

Bearbeitungen müssen also individuell betrachtet werden, wobei der Rückgriff auf ein bestimmtes Material wie auch die Bearbeitungsstrategien ein theoretisches Verhältnis zum Medium mitartikulieren: „[C]omment ces films parviennent-ils à penser l'historicité avec les moyens du cinéma? Sur quelle conception de l'histoire, de l'archive, du cinéma, se fondent ces différents modes de remploi?" (ebd. 348).

Blümlinger spricht mit der Verneinung von einheitlichen Konzeptionen auch den Essayfilm an, der in den letzten Jahrzehnten einen Aufschwung erfahren hat und für welchen die Verwendung von Found-Footage oft ebenfalls konstitutiv ist. So berücksichtigt etwa eine jüngere Publikation zum Essayfilm auch Farockis *Aufschub* und auch die von Christina Scherer diskutierten Regisseure wie Chris Marker und Jean-Luc Godard verwenden nicht selbst hergestellte Bilder.[12] Der Essayfilm als hybride Form verweigert sich einer Festlegung auf konventionalisierte Darstellungsmodi. Seine ästhetischen Ausprägungen weisen Einflüsse aller Filmgattungen auf und stellen vordefinierte Gattungsparadigmen in Frage: Durch „die Entwicklung hin zu einer verstärkten Hybridisierung der Formen, die Gattungsdefinitionen mehr und mehr untergräbt, [sind diese Unterscheidungen] zunehmend fragwürdiger geworden" (Scherer 2001: 12). Scherer positioniert den Essayfilm neben den Gattungen des Spiel-, Dokumentar- und Avantgardefilms, verweist aber grundsätzlich auf die Schwierigkeiten eindeutiger

---

[11] Mit Bezug auf eine Unterscheidung von Peter Wollen (Blümlinger verweist auf Wollens *The Two Avant-Gardes,* 1975) skizziert die Autorin zwei Avantgarden: Eine ästhetische um die Begründer der amerikanischen *Filmmakers' Cooperative* (etwa Stan Brakhage oder Jonas Mekas) und eine politische um Filmemacher wie Jean-Luc Godard oder Jean-Marie Straub und Danièle Huillet. Eine avantgardistische Auseinandersetzung mit den genuinen Eigenschaften des Films – hinsichtlich seiner ästhetischen beziehungsweise seiner politischen Aspekte – beobachtet Blümlinger in beiden Strömungen. Damit bezieht sie Position gegen eine rigorose Trennung, wie sie historisch etwa Peter Kubelka in seiner Funktion als Co-Leiter des österreichischen Filmmuseums verkörperte (vgl. ebd. 342). Kubelka weigerte sich, einen Film von Godard zu zeigen und steht damit stellvertretend für die „radikale Gegenposition [der Avantgarde; Anm.d.A.] zum industriellen Kino" (Tscherkassky 1992: 28). Blümlinger plädiert hingegen dafür, die Werke hinsichtlich ihrer jeweils anders ausgeprägten kritischen Reflexion einzeln zu betrachten.

[12] Kramer/Tode 2011; Scherer 2001.

Definitionsmerkmale. Neben der auf einer inhaltlichen Ebene geführten Auseinandersetzung mit der Thematik von Traum, Imagination, Erfahrung und Erinnerung konstatiert Scherer (ebd. 14) die Thematisierung und Inszenierung der Subjektivität des Blicks als konstitutiven Zug des Essayfilms. Damit äussert sich in essayistischen Bearbeitungen ein selbstreflexiver und selbstreferentieller Zweifel am Bild und an der filmischen Abbildbarkeit. Anstelle einer eindeutigen Repräsentation von Verhältnissen tritt das Wissen um die Vorläufigkeit von Erkenntnis und damit eine Konzentration auf zyklische und suchende, prozesshafte Darstellungsformen. Intertextuelle Verflechtungen zeigen sich in collagierenden Verfahren, die „die Abhängigkeit von Bedeutungen ‚sinntragender' Einheiten von der jeweiligen *Kontextualisierung* innerhalb des Films" reflektieren (ebd. 14). Dabei sind vor allem auch Schrift und Sprache von besonderer Bedeutung. Die bei Scherer bezüglich des Essayfilms ausgeführten Konzeptionen zu Medien, Erinnerung und kollektivem Gedächtnis sowie die von ihr beschriebenen Montagestrategien zeigen sich nicht nur bei Farocki, der einer essayistisch-dokumentarischen Tradition entstammt (auch wenn er in den letzten Jahren stark im Kunstkontext rezipiert wurde). Sie lassen sich auch auf die eher in Rahmen der zeitgenössischen Kunst entstandenen Werke von Ponger und Morrison beziehen.

Die Praktiken eines *Kinos aus zweiter Hand* sind in ihren Bezügen, Verwandtschaften und Bearbeitungsmodi zu divers um unter einem einzelnen Begriff gefasst zu werden.[13] Treffender scheint eine Herangehensweise, die die Praxis oder das Erkenntnisinteresse beschreibt. So spricht Christa Blümlinger (2009: 133) etwa einfach von „materieller Aneignung" und von einem Interesse an historischen Zusammenhängen. Auch Elsaesser (2016: 135) beobachtet eine „selbstreflexive Selbstbesinnung" und geht davon aus, dass der von ihm untersuchte Found-Footage-Filme als „‚Film-im-Film' das Dokumentarische am Filmmaterial selbst als historische Herausforderung und ästhetischen Mehrwert oder Attraktion begreift". Kennzeichnend scheint es ihm dabei „dass eine Art doppelte Bewegung zu den Grundvoraussetzungen der Betrachtung von found footage-Filmen gehört, nämlich ein immersiv-empathisches sich Hineinversetzen in die Welt der aus der

[13] Dabei blieb sogar ein grosser Bereich der Wiederverwendung von Bildern – im Spielfilm, aber vor allem auch im Bereich des Videos und des Internets – hier unerwähnt. Diese weisen mit den im Folgenden diskutierten Beispielen wenig Gemeinsamkeiten auf.

Vergessenheit geholten Bilder bei gleichzeitiger Bewahrung einer kritisch-reflexiven Distanz“ (ebd. 138)

Den Status der Bilder als historische Quellen mit einer ausserfilmischen Referenz soll im Folgenden mit den von Michel Foucault eingeführten Begriffen des Dokuments und des Monuments eingehender betrachtet werden.

Lektüren: Monumente und Dokumente

In *Archäologie des Wissens* (1981; franz. 1969) beschreibt Foucault sein methodisches Vorgehen, das er in anderen Texten, meist aus einem historischen Blickwinkel und in Bezug auf verschiedene wissenschaftliche Disziplinen ausführt – etwa anhand bestimmter Sachverhalte der Medizin, der Sexualgeschichte, der Politik oder der Biologie. Die darin formulierte Unterscheidung zwischen Monument und Dokument dient mir als Instrument, um den historiografischen Gehalt, der den Filmbildern in der Neubearbeitung zugewiesen wird, zu untersuchen. Die Dimensionen des Monuments beziehungsweise des Dokuments sind nicht ursprüngliche, den Objekten stets inhärente Kategorien, sondern es sind Kategorien der Bearbeitung und der Lektüre. Diese ermöglichen es, zu untersuchen, inwiefern die Referenz und die Aussagen der Bilder durch die Lektüre der FilmemacherInnen verändert werden. Grob skizziert können zwei Richtungen festgehalten werden: Im Dokumentarfilm oder Spielfilm fungieren die Bilder häufig als Fenster zur Welt. Sie referieren auf ausserfilmische Begebenheiten, dienen als historische Belege und damit der Authentisierung. Eine avantgardistische oder essayistische Herangehensweise thematisiert hingegen den Status der Bilder als Bilder und verweist auf Entstehungskontexte und Rezeptionsformen. Diese beiden Strategien korrespondieren mit Foucaults Begrifflichkeiten des Dokuments beziehungsweise Monuments.

Die Infragestellung des Dokuments ist bei Foucault eng an eine Kritik der traditionellen Geschichtsschreibung geknüpft. Foucault (1981: 15) hält fest, dass das Dokument kein glückliches Instrument einer „Geschichte [ist], die in sich selbst und mit vollem Recht *Gedächtnis*“ verkörpert, vielmehr ist die Geschichte eine bestimmte Art und Weise, einer überlieferten dokumentarischen Masse, „Gesetz und Ausarbeitung zu geben“. Die traditionelle Geschichtsschreibung transformierte Monumente in Dokumente, um eine zum Schweigen gebrachte Stimme zu erwecken, „deren zerbrechliche, glücklicherweise aber entzifferbare Spur“ lesbar zu machen, im Glauben an eine Rekonstruktion der Vergangenheit durch Quellen (ebd. 14).

Solche Dokumente „erlauben, durch sie hindurch auf eine vergangene Wirklichkeit zu blicken und ‚realistische', ja wahre Aussagen über die Vergangenheit zu machen" (Sarasin 2005: 106). Nach Foucault überliefern Quellen keine versteckte Bedeutung, die nur sorgsam freigelegt werden muss. Vielmehr sind es Produkte einer dokumentarischen Materialität, die in ihrer Form, Textualität und Bedeutungskonstruktion, in ihrer spezifischen „Erscheinungsweise" untersucht werden müssen: Was „ist das also für eine sonderbare Existenz, die in dem ans Licht kommt, was gesagt wird, – und nirgendwo sonst?" (Foucault 1981: 43). Die Materialität, in der eine bestimmte Aussage erscheint und existiert, ist konstitutiv, denn „eine Aussage bedarf einer Substanz, eines Trägers, eines Orts und eines Datums. Und wenn diese Erfordernisse sich modifizieren, wechselt sie selbst die Identität" (Foucault 1981: 147).

Der Begriff des Monuments versteht Quellen als selbstreferentielle und stumme Objekte, die Ausdruck einer bestimmten diskursiven Praxis sind und die durch ihr Erscheinen die Wirklichkeit formieren und transformieren. Das Überlieferte ist keine unvollständige Spur eines vormaligen Ereignisses, sondern es ist in seiner materiellen Positivität zu betrachten und in Bezug zu setzen zu anderem Erscheinendem; es ist zu zerlegen und anzuordnen, zu organisieren, in Ebenen, Serien und Beziehungen zu beschreiben (vgl. ebd. 14). Foucault untersucht, was erscheint, denn die Aussageanalyse kann sich nur mit dem beschäftigen, was in einer Materialität präsent ist. Man kennt daher keine „verborgene Aussage: denn das, woran man sich wendet, ist die Evidenz der effektiven Sprache" (ebd: 159). In diese Verschiebung vom Dokument zum Monument als einer Kategorie der Betrachtung fliesst die Erkenntnis mit ein, dass Aussagen an der Konstruktion der Welt massgeblich beteiligt sind. Sie transportieren durch ihre Präsenz und spezifische Erscheinung Bedeutung. Die Aussage selbst ist dabei als ein Ereignis zu verstehen, das zu einem bestimmten historischen Zeitpunkt auftaucht und eine neue Existenz erfährt (vgl. 1981: 44). Das einmalige Erscheinen einer Aussage in einem spezifischen Kontext macht die Aussage zu einem singulären Ereignis. Bei dessen Wiederholung ändert sich „das Verhältnis dieser Behauptungen zu anderen Propositionen, ihre Anwendungsbedingungen und Reinvestitionsbedingungen" (Foucault 1981: 151). Der Akt der Wiederaufnahme eines Bildes impliziert somit neue Bedeutungskonnotationen, wobei die Aktualisierung aus einer Machtposition erfolgt, die den Vollzug dieses Aktes erst ermöglicht und ein neues Objekt konstruiert.[14]

Montage

Im Found-Footage-Film ist die Montage das Werkzeug, um Bestände zu zerlegen, anzuordnen und neu zu kontextualisieren. Bedeutend ist nicht nur die Anordnung der Bilder, sondern auch das Verhältnis von Bild und Ton beziehungsweise Bild und Sprache. Die Montage verknüpft nicht nur, sondern sie schafft Kontraste. Es geht um die konkrete Beziehung zwischen Bildern durch Verknüpfung *und* Differenz. Die Bedeutung entsteht nach Deleuze (1991: 234) in der „Spalte", im „Zwischenraum": „Zwischen zwei Aktionen, zwischen zwei Affekten, zwischen zwei Wahrnehmungen, zwischen zwei visuellen Bildern, zwischen dem Akustischen und dem Visuellen". Eine solche Montage vorgefundener Bilder dekonstruiert alte Sinnzusammenhänge, stellt neue her und generiert beim Betrachter fortlaufend einen Prozess der Entschlüsselung. Damit „fällt die Montage ohne Zweifel in den Bereich des *Denkens*" (Didi-Huberman 2007: 197).

Scherer (2001: 74, 78) geht bezüglich der Ästhetik des Essayfilms auf zwei Formen der Montage ein: eine horizontale der „Konstellation" und „Kollision" und eine vertikale der „Schichtung". Die Transformation der Found-Footage-Bilder geschieht anhand solcher horizontalen und vertikalen Montagen, die den Status der Bilder bestimmen: Mit den bei Foucault entlehnten Begriffen verweisen sie als Dokumente auf ein Ereignis und vollziehen eine Ereignis-Aussage oder sie referieren als Monumente auf sich selbst und auf ihre Existenz als Objekt und vollziehen damit eine Objekt-Aussage.

---

[14] Das Objekt eines Diskurses versteht Foucault als Konstruiertes: „Die Geisteskrankheit [Bsp. eines Objektes; Anm.d.A.] ist durch die Gesamtheit dessen konstituiert worden, was in der Gruppe all der Aussagen gesagt worden ist, die sie benannten, sie zerlegten, sie beschrieben, sie explizierten, […] [d]iese Gesamtheit von Aussagen ist weit davon entfernt, sich auf ein einziges Objekt zu beziehen, das ein für allemal gebildet ist" (Foucault 1981: 49). Die Einheit des Diskurses ist somit nicht die Existenz eines bestimmten Gegenstandes, sondern „das Spiel der Regeln, die während einer gegebenen Periode das Erscheinen von Objekten möglich machen" (ebd. 50).

In Anlehnung an Walter Benjamin bezeichnet Scherer (2001: 79) die Montage des Essayfilms als eine „archäologische Poetik“,[15] für die die experimentelle und intellektuelle Vorgehensweise, die Arbeit mit Fragmenten, Collagen, Zitaten, Konstellationen und Allegorien konstitutiv ist. Diese Übertragung der Archäologie-Metapher deutet auf eine Montage hin, die sich dem Abfall und dem scheinbar Unbedeutenden zuwendet, dem Ephemeren und Banalen und diese Elemente nicht vereint, sondern sie „quer zueinander“ stehen lässt (ebd. 77-79).[16] In der Neukombination von Fundstücken kann die Vergangenheit wie ein Blitz erkennbar werden. Benjamins Beschreibung von Gedächtnisbildern weist Analogien zum filmischen Bild auf: „Das wahre Bild der Vergangenheit *huscht* vorbei. Nur als Bild, das auf Nimmerwiedersehen im Augenblick seiner Erkennbarkeit eben aufblitzt, ist die Vergangenheit festzuhalten“ (Benjamin 1974: 695). Mit einer archäologischen Montage eignet sich der Film Strukturen der Erinnerung an. Durch die Neukonstellation von Bildern, Objekten und Fundstücken werden in der formalen Gestaltung elliptische und fragmentarische Welten erzeugt, die Analogien von Film und Erinnerung verstärken.

Bei Sergej Eisenstein entlehnt Scherer (2001: 80) den Begriff der „Kollisionsmontage“: „Was kennzeichnet die Montage und folglich auch ihren Embryo, die Einstellung? Ein Zusammenprall. Der Konflikt zweier nebeneinanderstehender Abschnitte. Konflikt. Zusammenprall. […] Ein Punkt, an dem durch Zusammenprall zweier Gegebenheiten ein Gedanke entsteht“ (Eisenstein 2006: 66-67). Bei Eisenstein ist die Bedeutung zwischen zwei Bildern festgelegt und der Zuschauer wird durch den Schnitt auf einen vorbestimmten Sinngehalt hingeleitet. Trotz dieser Festlegung bezeichnet dieser Begriff auf eine produktive Weise eine Montage, die die Diskontinuität hervorhebt, die „Kluft zwischen aufeinanderprallenden filmischen Elementen, die unüberbrückbar bleiben kann“

---

[15] Scherer (vgl. 2001: 79) entlehnt den Begriff der „archäologischen Poetik“ Michael Shanks: *Experiencing the Past. On the Character of Archaeology*. London, New York: 1992.

[16] Dieser Metapher bedienen sich auch Found-Footage-Filmende selbst: „Am besten lässt sich der Entstehungsprozess des Archivkunstfilms mit der Archäologie vergleichen. […] Diese Charakterisierung jenes neuartigen Zugangs zu Filmartefakten weist ausserdem Ähnlichkeit mit einem anderen Gebiet auf, das seinerseits schon mit der Archäologie verglichen wurde: mit der Psychotherapie. […] Der Archivkunstfilm fordert: Schnapp Dir Deine Schaufel und beginn zu graben!“ (Abigail Child, in: Hausheer/Settele 1992: 100); Zur Metaphorisierung der Arbeit mit Found Footage, vgl. auch Zyrd (2002: 114); Sandusky (1991: 15, 17).

(Scherer 2001: 81). Assoziative Verbindungen zwischen den Bildern werden ermöglicht und es entsteht eine Zeitlichkeit, die an Strukturen von Erinnerungsvorgängen anknüpft. Die dabei erzeugte Differenz zwischen den Bildern lässt ein Dazwischen entstehen, das auf Absenzen verweist. Die Filmbilder entstammen dem Sichtbaren, der Gedanke, der beim Aufprall entsteht, ist im Begrifflich-Abstrakten angesiedelt (vgl. Scherer 2001: 78-82). Die Kollisionsmontage erstreckt sich nicht nur auf den Bild-, sondern auch auf den Tonraum, der differierende Bedeutungen zum Bild herstellen kann. In diesem Montagegefüge durchdringen sich die Schichten gegenseitig. Wie bei Eisenstein im Zusammenprall ein Gedanke entsteht, der das Abgebildete übersteigt, so zielt auch hier die Kollision auf die Überwindung des Sichtbaren (vgl. Scherer 2001: 78-82; Benjamin 1980: 695). Dem Zuschauer kommt eine bedeutende Position zu, da dieser die zahlreichen Bedeutungen, die diese assoziative Montage erzeugt, erst konstruieren muss. Das Bild ist nur aus einem Jetzt lesbar: „Jede Gegenwart ist durch diejenigen Bilder bestimmt, die mit ihr synchronistisch sind: jedes Jetzt ist das Jetzt einer bestimmten Erkennbarkeit“ (Benjamin 1982: 578).

Neben der Konstellation und Kollision entstehen durch Schichtungen neue Bedeutungsebenen. Scherer (vgl. 2001: 76) verweist auf eine Form der Schichtung, die sich auch als Palimpsest von Schreibungen und Überschreibungen verstehen lässt:

> Und drittens nimmt die Montage im Film auch dort den Charakter einer Schichtung an, wo Einstellungen aufgesplittet und in verschiedenen Kontexten wiederholt werden (und sich neue Kontextualisierungen wie eine Schicht über eine vorangegangene legen), wo eine filmische Beschreibung ständig wieder neu ansetzt, wo der Film sich zwischen verschiedenen Ebenen erzählter Zeit bewegt und sich die Erzähl- und Handlungsfragmente in Abbrüchen und Neuanfängen übereinanderlagern, ohne in eine Kontinuität der Abfolge überführt werden zu können (ebd. 76).

In die diversen Ebenen, die sich überlagern, abgrenzen und verrätseln, und frühere Schichten nicht auslöschen, sondern höchstens verdecken, fügen sich auch „Tonräume“ ein (ebd. 77). Diese Schichtungen zeigen sich als imaginäre, die sich, wie auch die Konstellation und die Kollision, auf ein Außen des Bildes, auf das Off beziehen. Die den Filmen zugrundeliegenden fragmentarischen Formen verweisen darauf, dass der Glaube an Ganzheit und Abgeschlossenheit verloren ist. Die Bilder verweisen melancholisch auf etwas Abwesendes. Sie bilden ein Konglomerat von

Abgebildetem, Projiziertem und Hinzugefügtem, das einen Umgang mit der Vergangenheit bezeichnet, deren Fakten sich immer wieder entziehen.

2.2 Film als Medium des individuellen und kollektiven Gedächtnisses: Ort der Aufzeichnung, Speicherung und Lektüre

Der österreichische Künstler Peter Tscherkassky betrachtet Found-Footage als kritische Gegenwehr einer Generation, die im Kinderzimmer neben dem Teddy mit dem Fernsehapparat aufgewachsen ist und deren Wirklichkeit sich wie die keiner anderen zuvor von einem „Bilderbombardement aus unzähligen TV-Kanälen geprägt" zeigt (Tscherkassky 1995: 85).[17] Auch Bruce Conner (1992: 102) hält fest, dass sich seine Filme in keiner Weise von seiner Erfahrung unterscheiden: „Sie sind das, was ich als Phänomen um mich herum wahrnehme. Das ist, was ich die richtige Welt nenne". Historische und politische Ereignisse sind nur vermittelt zugänglich und durch die Strukturen des Mediums, die Voraussetzungen beim Aufzeichnen und durch eine allfällige Bearbeitung vorgeformt. Das Wissen um die komplexen Verflechtungen von realen und medialen Welten manifestiert sich etwa auch bei Hayden White, der aufgezeigt hat, dass die Geschichtsschreibung einzelne Segmente zu einer sinnhaften kohärenten Erzählung formiert und sich einer figurativen Sprache und literarisch vorgegebener Plotstrukturen bedient.[18] In Bezug auf individuelle Gedächtnisse sei auf Harald Welzer (2005: 185-206) verwiesen, der in autobiografischen Gedächtnissen sozial gebildete Organisationsprinzipien und narrative Grundmuster beobachtet, die sowohl visuelle Vorlagen als auch Erzählsegmente importieren.

Das kollektive Gedächtnis

Innerhalb solcher Gedächtnistheorien hat die Konzeption des kollektiven Gedächtnisses von Aleida und Jan Assmann besondere Bedeutung erlangt. Die Unterscheidung von Geschichte und Mythos wird hier hinfällig, für das „kulturelle Gedächtnis zählt nicht faktische, sondern nur erinnerte Geschichte" (Assmann 1997: 52). In Anlehnung an Maurice Halbwachs entwirft Jan Assmann (ebd. 47-48) die

---

[17] Tscherkassky spricht hier nicht von Österreich, sondern von der amerikanischen Found-Footage-Generation um Abigail Child, Sharon Sandusky, Craig Baldwin u.a.

[18] Vgl. White 1994.

Vergangenheit als „soziale Konstruktion, deren Beschaffenheit sich aus den Sinnbedürfnissen und Bezugsrahmen der jeweiligen Gegenwarten ergibt. Vergangenheit steht nicht urwüchsig an, sie ist eine kulturelle Schöpfung". Nicht nur die Vergangenheit, auch die Gegenwart wird als „sozial-konstruktivistisch" verstanden (ebd. 47). Dabei unterscheiden Aleida Assmann wie auch Jan Assmann zwei Vergangenheitsregister des kollektiven Gedächtnisses: Das kommunikative und das kulturelle Gedächtnis, die sich im Alltag häufig durchdringen und bei denen sich ähnliche Bindungen an Gruppen und Gruppenidentitäten beobachten lassen (vgl. ebd. 50-53; Assmann 1988: 11). Die biografische Erinnerung des kommunikativen Gedächtnisses beruht immer auf sozialer Interaktion und vergeht mit seinen Trägern in einer Zeitspanne von drei bis vier Generationen, die Jan Assmann auf ungefähr 80 bis 100 Jahre festlegt. Das kulturelle Gedächtnis hingegen manifestiert sich in Objektivationen, die eine bestimmte Vergangenheitsversion überliefern und festigen. Diese Objektivationen sprachlicher und nichtsprachlicher Art (Rituale, Tänze, Bauwerke, Kleidung, Landschaften, Kunst usw.) zeigen sich als institutionalisierte Mnemotechniken, in denen kollektive Erfahrung kristallisiert. Die Rekonstruktion bestimmter Erfahrungen anhand der Objektivationen ist auf eine gegenwärtige Situation bezogen, die im Rahmen ihrer Möglichkeiten ein Ereignis aktualisiert. Das kulturelle Gedächtnis existiert dabei erstens im Modus des Archivs, „als Totalhorizont angesammelter Texte, Bilder, Handlungsmuster, und zum zweiten im Modus der Aktualität, als der von einer jeweiligen Gegenwart aus aktualisierte und perspektivierte Bestand an objektiviertem Sinn" (Assmann 1988: 13). Diese Theorie des kulturellen Gedächtnisses basiert „massgeblich auf medientheoretischen Annahmen", die in Folge von verschiedenen Autoren eingehender diskutiert wurden (Erll 2004: 8):[19]

> Medien des kollektiven Gedächtnisses konstruieren Wirklichkeits- und Vergangenheitsversionen. An diesen Konstruktionen ist die Materialität des Mediums [...] ebenso beteiligt wie seine sozialsystemische Dimension: Auch die Produzenten und Rezipienten eines Gedächtnismediums leisten aktiv Konstruktionsarbeit – bei der Entscheidung darüber, welchen Phänomenen überhaupt gedächtnismediale Qualitäten zugeschrieben werden sowie bei der Auswahl und Enkodierung und/oder bei der Dekodierung und Deutung des zu Erinnernden. [...] Medien und Benutzer erzeugen und perspektivieren kollektives Gedächtnis (Erll 2004: 19).

---

[19] Vgl. Erll/Nünning 2004; Frank/Rippl 2007.

Neben den Eigenschaften des Mediums bestimmen sowohl die Produzierenden als auch die Rezipienten auf mehreren Ebenen mit, was für eine Aussage konstruiert wird – was überliefert und wie es überliefert wird. Im Found-Footage-Film treten die Regisseure gleichzeitig als Rezipienten und Produzenten auf. Sie bedienen sich der zirkulierenden Bilder des kollektiven Gedächtnisses, die als Erinnerungsbilder sowohl rational, auf der Ebene eines Weltwissens, als auch emotional auf eine Einbindung des Zuschauers zielen. Durch die Arbeit mit nicht archiviertem Material, den Fokus auf das bei Bruce Conner formulierte „Nicht-Ernsthafte" erkennt der Found-Footage-Film das Überlieferte als kollektives Wissen und Erbe: „Wenn man etwas über eine Kultur wissen will, muss man sich all die Dinge anschauen, die als selbstverständlich gelten, [...] und nicht auf das, was die Leute zeigen wollen" (Conner 1992: 102). Die Arbeit mit bestehendem Material zeigt sich als ein bewusster Akt des Umgangs mit Überliefertem, das die Identität einer bestimmten Gruppe konstituiert. Dieses aktive Eingreifen in Prozesse der Bedeutungsgenerierung benennt auch Sharon Sandusky (1992: 17) explizit als Motiv für die Arbeit mit Found Footage: „[A]lles was man braucht, ist das Verlangen, am Prozess der Entscheidungsfindung teilzunehmen: zu entscheiden, ein Bild zu behalten, ein anderes auszuscheiden, ein Bild zu betonen, ein anderes nicht."
Bei der Dekodierung und Deutung ist der Zuschauer – anders als beim Kompilationsfilm – nicht nur dazu aufgerufen, sich eine neue Sichtweise auf bestimmte Ereignisse oder Sachverhalte anzueignen, sondern er wird durch die Bearbeitungsstrategien vor allem auch für die Konstruktion und Überlieferungsweise der Vergangenheitsversion sensibilisiert. Filme aus gefundenem Material sind weniger Filme über Ereignisse als „Filme über Bilder-Ereignisse" (Tröhler 1992: 5-6). Sie bearbeiten Medien des kollektiven Gedächtnisses auf einer Metaebene und transportieren anstelle eines kollektiven Wissens über Ereignisse ein kollektives Wissen über die Medialisierung dieser Ereignisse.

Eine Lektüre der Oberfläche

Der Film als Gedächtnismedium ist Ort der Aufbewahrung und des Ausstellens. Als Aufbewahrungsort bestimmt er mit, was aufgezeichnet und überliefert wird. Neben der aktiven Konstruktionsarbeit der Produzierenden existiert ein Moment der Unkalkulierbarkeit und der Zufälligkeit und damit ein Unterschied zwischen „manuell-kognitiver und analog-registrierender ‚Einspeicherung'" (Ruchatz 2004: 89)[20]. Mit dem Akt des Zeigens wirkt der Film auf individuelle und kollektive Erinnerungen ein und modifiziert diese. Diese beiden Momente sind nicht voneinander zu lösen. Sie konstituieren sich in einem gegenseitigen Wechselverhältnis, sind jedoch kulturell und historisch wandelbar. So wie Bilder ihr Dargestelltes aus einer bestimmten Weise zu denken und abzubilden beziehen, beeinflussen sie in ihrer Erscheinung, diese Art zu denken und abzubilden. Die Lektüre eines bestimmten Dokumentes aus der Gegenwart vollzieht sich auf der Folie des Gewesenen. Bedeutungen verschieben sich mit jeder Neukontextualisierung, ohne dass vormalige Bedeutungen gänzlich gelöscht würden. Durch die Reinszenierung und Resignifizierung[21] entsteht eine Schichtung der verschiedenen Bedeutungsmomente. Die Neudeutung auf der Folie des Alten verändert in einem langsam fortschreitenden Prozess die Aussage des Überlieferten und dessen gesellschaftliche Wahrnehmung und Deutung.

Die Beschaffenheit einer filmischen Welt bestimmt „bewusst" (durch die Arbeit der Produzierenden) mit, was erinnert wird, zeichnet aber auch „unbewusst" im Sinne der analog-registrierenden Einspeicherung auf. Filmische Aufzeichnungen sind Orte der Konservierung. In diesem Sinne fungieren auch fiktionale Aufnahmen als dokumentarische. Darauf verweist Odin (1990: 125-146), wenn er in Abgrenzung zu etablierten Definitionen des Dokumentar- und Spielfilms den Begriff des

---

[20] Ruchatz (2004: 88–89) weist darauf hin, dass der das Bild Produzierende zwar massgeblich am Resultat der entstehenden Abbildung beteiligt ist (Motiv, Augenblick, Bildausschnitt, Belichtungsdauer, Blendenöffnung, Objektiv, Filmmaterial usw.), das sich gewisse Dinge in der analogen (und auch in der digitalen) Abbildung jedoch ausserhalb der Kontrolle der Produzierenden befinden, wie etwa die Fülle der Details, die sich ins Bild einschreiben.

[21] Zu diesen Termini vgl. Butler (2006: 28–31): In ihrer Studie zum diskriminierenden Sprechen (*hate speech*) führt Butler die Begriffe der „Reinszenierung" und „Resignifizierung" ein, die ein Sprechen ermöglichen, in dem das Sprechen selbst (die Nennung der diskriminierenden Begriffe) zum Zitat wird. Der neue Diskurs bricht so mit dem vormaligen, jedoch immer auf Grundlage des alten Diskurses, „der gegenwärtige Kontext und sein scheinbarer ‚Bruch' mit der Vergangenheit sind selbst nur unter dem Vorzeichen dieser Vergangenheit lesbar. Der gegenwärtige Kontext arbeitet […] einen neuen Kontext für dieses Sprechen aus" (ebd. 29). In diesen performativen Handlungen sieht Butler die Möglichkeit einer subversiven Selbstbehauptung, Formen der Handlungsmacht und des Widerstands. Abhängig vom Spalt der sich in der Wiederholung zwischen dem ursprünglichen Kontext bzw. der ursprünglichen Intention öffnet, verschieben sich Bedeutungen und Effekte der jeweiligen Wörter. Dieser Prozess vollzieht sich dabei nicht in einer abgeschlossenen Wiederholung von Sprechakten, sondern sein Ursprung und Ende stehen nicht fest und sind nicht feststellbar (vgl. ebd. 30).

Wirklichkeitsbezuges als Definitionsmerkmal des dokumentarischen Filmes verwirft. Vielmehr postuliert er eine immer vorhandene Gleichzeitigkeit der beiden Momente. Jeder Film kann hinsichtlich fiktionaler und dokumentarischer Aspekte gelesen werden: „Der Dokumentarfilm ist nicht darin privilegiert, sich auf die Wirklichkeit zu beziehen (ein fiktionaler Film beinhaltet stets auch einen dokumentarischen Aspekt); ebenso ist jeder dokumentarische Film ein fiktionaler Film [...] Der Begriff des Wirklichkeitsbezugs lässt sich daher nicht ohne Schwierigkeiten verwenden" (Odin 1990: 125).[22]

Found-Footage-Filme untersuchen in den einzelnen Filmkadern erfolgte Einschreibungen und lesen diese dokumentarisierend:

> Film ist ein Ort der Einschreibung. Wenn man einen belichteten Filmstreifen ansieht, dann entdeckt man zunächst eine regelmässige Abfolge von rechteckigen Bildfenstern, die einen zentralperspektivischen Raum abbilden. Das sind die Spuren, die die Kamera am Filmstreifen hinterlassen hat, hier hat sich der Apparat selbst in das Material eingeschrieben. Blickt man genauer in diese einzelnen Bildfenster oder Kader ‚hinein', dann sieht man Spuren von Menschen und Objekten, die sich zum Zeitpunkt der Aufnahme vor der Kamera befanden. Beim Amateurfilm schreibt sich zumeist ein einzelner mit seiner Familie, beim Spielfilm schreibt eine industrielle Gruppe ihre Schauspieler, Darstellungsweisen und Geschichten in das Material ein. Hier werden die dominanten Traditionen der Darstellung verfasst, und hier werden einem die kulturellen Leitbilder von der Ökonomie der filmischen Zeit, des filmischen Raums und dem idealen Zusammenleben der Geschlechter eingesenkt (Zitat Martin Arnold, in: MacDonald 1995: 287).

Ausgangspunkt der Arbeiten sind die filmischen Bilder selbst. Barthes (1990: 47-64) unterscheidet in seinen bildanalytischen Notizen zu einigen Fotogrammen Eisensteins neben einer informativen und einer symbolischen Ebene ein dritte Ebene, den stumpfen Sinn. Die informative Ebene kommuniziert konkrete Kenntnisse über die Figuren, Räume und Objekte und ihren Bezug zum diegetischen Geschehen. Die symbolische Ebene transportiert verschiedene Schichtungen und Bedeutungen des

[22] Odin konstatiert einen präziseren Zugriff in der Betrachtung der Lektüre, die sich nach einem semiopragmatischen Verständnis an Lektüreanweisungen auf einer filmischen Ebene orientiert, die dokumentarisierende bzw. fiktionalisierende Lektüren beim Zuschauer auslösen (vgl. Odin 1990: 125–146). Das Dokumentarische der Bilder ist dabei nicht der „unbewussten", analog-registrierenden Aufzeichnung gleichzusetzen, schafft aber ein Bewusstsein für mögliche Lektüren und verweist darauf, dass im Bild mehr abgebildet ist als das von den Produzenten beabsichtigt.

Abgebildeten. Der stumpfe Sinn jedoch bezieht sich nur auf den Signifikanten. Barthes (ebd. 49) zählt bezüglich dieses stumpfen Sinnes Details der Darstellung auf: die „fein nachgezeichneten Augenbrauen [...], sein fades blondes Haar, sein weisser und welker Teint, die platt hergerichtete Frisur, die nach Toupet aussieht, das mit Reispuder aufgefrischte Make-up". Damit nennt er Momente, die im Sinne von Ruchatz eher einer unbewussten analog-registrierenden als einer bewussten manuell-kognitiven Einspeicherung entstammen. Im Vergleich zum symbolischen Sinn, der intentional ist und sich dem Betrachter sozusagen aufdrängt – Barthes nennt ihn daher den entgegenkommenden Sinn –, ist der stumpfe Sinn überzählig. Er geht nicht im diegetischen Geschehen auf, ist nicht kommunikativ und nicht symbolisch, sondern ruft zur prüfenden Lektüre auf, die dem Signifkanten gilt.

Der stumpfe Sinn und auch das *punctum,* das Barthes in einem späteren Essay *Die helle Kammer* (1989, franz. 1980) als eine mögliche Lektüre von Fotografien bestimmt, bringen „eine gewisse Emotion mit sich" (Barthes 1990: 56).[23] Mit diesen Begrifflichkeiten benennt Barthes etwas, was das Auge des Betrachters fesselt, was nochmals hinblicken lässt, irritiert, anspricht. Diese Emotion kann auf einer Assoziation des Betrachters beruhen[24] oder auf einem bestimmten Detail des Bildes, wie in dem von Barthes beschriebenen Bild, wo neben dem entgegenkommenden Sinn (der Ästhetik und der Symbolik des Faschismus) die Details (die verkleidete Albernheit des Pfeilträgers, die weichen Hände) den Blick des Autors gefangen halten (vgl. ebd. 58). Im Gegensatz zum entgegenkommenden Sinn der Faschismus-Ästhetik, entspringt der stumpfe Sinn keiner Intention des Autors oder des Schauspielers. Den Blick hält das gefangen, was zusätzlich abgebildet ist, was etwas dokumentiert, was nicht ursprünglich dokumentiert werden sollte. Auch wenn der stumpfe Sinn keineswegs in allen Filmbildern existiert, so räumt ihm Barthes (ebd. 59) doch einen hohen Grad an Authentizität ein: Der „stumpfe Sinn existiert [...] in einer gewissen Art und Weise, das ‚Leben' und somit das ‚Wirkliche' selbst zu lesen" (ebd. 59). Dieses Authentizitätsmoment besteht lediglich auf der Ebene des Signifikanten. Neben den intentionalen filmischen Lektüreanweisungen, deren Faszination Barthes (ebd. 62) nicht verneint – „Gibt es eine schönere Geschichte als

---

[23] Barthes grenzt die emotionale Lektüre des *punctums* von der rationalen des *studiums* ab. Ausführungen zu diesen Begriffen vgl. in der vorliegenden Studie Kapitel 5.1.

[24] Dies verdeutlicht Barthes in den Bildlegenden in *Die helle Kammer* (vgl. Barthes 1989: 48, 58, 94).

die des Iwan, die des Potemkin?" –, gewinnt hier eine rein filmische Ebene an Bedeutung. Der stumpfe Sinn ist das, was die Sprache nicht mehr beschreiben kann: „Alles, was sich über *Iwan* oder *Potemkin* sagen lässt, liesse sich auch über einen geschriebenen Text sagen [...], bis auf eines, den stumpfen Sinn [...]. Das Filmische ist genau hier" (ebd. 63). Barthes beschäftigt sich nicht mit der Analyse fiktionaler Konstruktionen, sondern mit den spezifischen Eigenschaften des Bildes und dem Signifikanten. Der stumpfe Sinn weist kein Signifikat mehr auf, er ist die reine Oberfläche.

Betrachtet man die Arbeit mit Found-Footage als Arbeit mit der bei Barthes als stumpfer Sinn formulierten Bedeutungsebene, scheint die Arbeit an den Bildern mit den Bildern als logische Konsequenz: Der stumpfe Sinn bei Barthes ist das rein Filmische, das sich der Sprache und der Schrift entzieht, es ist die Arbeit am Sichtbaren, mit dem was sich manifestiert. Was die Filmemacher am Material fasziniert und beschäftigt, wird durch die Sekundärbearbeitung herausgearbeitet und sichtbar gemacht. Diese Momente, die sowohl berührend als auch verstörend sein können, und die Assoziationen, die die Bilder auslösen, führen zum erneuten Hinblicken und zu einer Arbeit am Filmischen mit diesem Filmischen, die geleitet ist von einem Blick auf das scheinbar Banale und Unwichtige. Das wird nun durch die eingenommene Perspektive zum Wertvollen und Aussagekräftigen erhoben. Die Auseinandersetzung erfolgt nicht, wie sie im Hinblick auf das *studium* erfolgen würde, analog zu den Intentionen der Produzenten. Das *studium* billigt oder missbilligt diese, jedoch immer im Rahmen eines zwischen Urheber und Verbrauchern geschlossenen Vertrags. In den Sekundärbearbeitungen werden Intentionen der Produzierenden ebenso einbezogen wie symbolische Bedeutungen. Barthes benennt jedoch einen Überschuss, den Found-Footage-Arbeitende aufgreifen. Dieser im Bild festgehaltene Überschuss steht oft gerade im Kontrast zu den Intentionen und symbolischen Bedeutungen. Denn das *punctum* durchbricht das *studium*, es ist die Lust oder der Schmerz (Barthes 1989: 35, 37).

Die Fotografie jedoch, dies führt Barthes (1989: 14) in *Die helle Kammer* weiter aus, verweist auf etwas, was einmal gewesen ist, denn „der Referent bleibt haften".[25] In seinem persönlichen subjektiven Zugang beschreibt Barthes (ebd. 85,

[25] Barthes (1985: 11) entschliesst sich in *Die helle Kammer*, die Fotografie gegen das Kino zu lieben. Obwohl er im Film ebenfalls einen fotografischen Konstituenten konstatiert, so wird die filmische Welt – wie die reale – „von der Annahme gestützt, dass die Erfahrung beständig im

86) die Fotografie in ihrer paradoxen Existenz der emotionalen Überwältigung, der Beglaubigung, das „die Sache da gewesen ist" und der gleichzeitigen Abwesenheit des Abgebildeten. Das Bild, die „Emanation des *vergangenen Wirklichen*" ist weniger Bild als „*Magie*". Barthes (ebd. 99) beobachtet hier eine Eigenschaft der Fotografie, die ähnlich auch Aleida Assmann (vgl. 2003: 218-240) hinsichtlich des Bildes als Gedächtnismedium formuliert: Anders als die Schrift (oder im Film der Ton, die Sprache), ist die über Bilder und Spuren geleitete Tradition „dunkel und enigmatisch" (ebd. 220). Die Bilder sind gleichzeitig „stumm und überdeterminiert", sie stehen „der Einprägungskraft des Gedächtnisses näher" und weisen ein „imaginative[s] Übergewicht" auf (ebd. 220, 227).

Die Gegenwart des Betrachtens

Auch wenn die Fotografie eine vormalige Präsenz beglaubigt, so greifen die Erinnerung und (Re)-Konstruktion eines historischen Moments aus der Gegenwart des Betrachtens. Im Filmbild zeigt sich eine Verschränkung der materiellen „Spur der Aufzeichnung" und der unsichtbaren „Besetzung des Bildes als ‚Sinn-Bild'" durch den Zuschauer (Scherer 2001: 51). Weder Film noch Fotografie können als unmittelbare Erinnerungsbilder und Veranschaulichung der Vergangenheit beschrieben werden, vielmehr fungieren sie in komplexen Verflechtungen sowohl als Gegen-Erinnerung – die Fotografie füllt den Blick mit Gewalt aus und verhindert die Erinnerung – als auch als Erinnerung. Sie sind aber immer auf einen Rezipienten angewiesen, der sie lesbar macht (vgl. Scherer 2001: 61, Barthes 1989: 102). Wenn der Fokus auf diesen Prozess der Entschlüsselung gelenkt wird, der hier sowohl seitens der FilmemacherInnen als auch seitens der LeserInnen erforderlich ist, so wird damit die Gemachtheit jeder Erinnerung und Geschichtsschreibung thematisiert. Diese bestehen aus Fragmenten und Bildern, denn Geschichte zerfällt in Bilder und nicht in Geschichten (vgl. Benjamin 1982: 596). Erinnerungen zeigen sich nicht in einer unvermittelten Verkörperung, sondern an Orte, Handlungen, Bilder und Objekte geknüpft, die unterschiedliche Funktionen und Bedeutungen

---

selben konstitutiven Stil fortlaufen wird" (ebd. 100). Die hier diskutierten Filme durchkreuzen jedoch diesen Drang des Films nach vorne, indem sie einen linear-chronologischen Zeitablauf aufbrechen und durch Brechungen, Kollisionen, Unterbrüche „Verzweigungen der Zeit" etablieren (Scherer 2001: 67). Hier kehrt der fotografische Referent des Filmes zurück zu seiner Macht, „mir *direkt in die Augen* zu sehen" (Barthes 1989: 122)

erlangen. Solche Medien der Erinnerung sind auf einen Rezipienten angewiesen, der eine Rekonstruktions- und Konstruktionsarbeit leistet, Vergangenheitsrepräsentationen eine erinnernde Qualität beifügt und aktiv die in ihnen angelegten Spuren und Indizien zu einer Ansicht des Vergangenen verdichtet (vgl. Scherer 2001: 65). Es lässt sich somit ein Außen der Bilder konstatieren, das auf eine Einbindung des Zuschauers abzielt, der etwas hinzufügt, das paradoxerweise bereits da ist – denn das punctum bei Barthes ist „immer eine Zutat: es ist das, was ich dem Photo hinzufüge und *was dennoch schon da ist*" (Barthes 1989: 65).

Dokumentarische Formen

In dieser Studie wird also von einem filmischen Bild ausgegangen, das eine vorfilmische Realität aufzeichnet und damit im Akt der Aufzeichnung einen konkreten Bezug zu dieser vorfilmischen Realität herstellt, unabhängig davon ob es sich bei einer Aufnahme um eine dokumentarische oder fiktionale handelt, sondern mehr im Sinne des Barthes'schen „es ist da gewesen". Die Aufzeichnung ist durch die Art und Weise der Aufzeichnung und die Eigenschaften des Mediums bestimmt. Die Lektüre, die historisch und kulturell verschieden und wandelbar ist, weist dem Bild einen Sinn zu. Wie Aleida und Jan Assmann zum kollektiven Gedächtnis aufgezeigt haben und Michel Foucault oder Hayden White bezüglich der Geschichtsschreibung sind die Wirklichkeits- und die Vergangenheitsversionen, die anhand dieser Aufzeichnungen erarbeitet werden, keine ‚absolut wahren' Versionen, sondern sie wurden in ihrem jeweiligen möglichen Kontext, ihrem Wissen und ihrer Herangehensweise konstruiert. Während das kollektive Gedächtnis Wissen unter einem bestimmten Blickpunkt anhand von fiktionalen und dokumentarischen Formen, rituellen und symbolischen Gesten perspektiviert und dabei weniger nach Wahrheit als nach Authentizität sucht, erhebt die Geschichtsschreibung – und damit auch dokumentarische Bilder – trotz allem einen Anspruch auf Wahrheit. Wie Didi-Huberman in *Bilder trotz allem* (2007) weist auch Hito Steyerl (2008: 11) darauf hin, dass dieser historische Anspruch wichtig und notwendig ist, denn zu „bestreiten, dass Bilder Realität abbilden können, heisst auch, Revisionisten und Geschichtsfälschern aller Art Tür und Tor zu öffnen". Die Wahrheit der dokumentarischen Bilder – Steyerl (ebd. 7, 14-15) macht dies am Beispiel von beinahe abstrakten Handybildern aus dem Irak deutlich – liegt oft weniger in ihrer Referenz auf eine frühere Wirklichkeit als in ihrem spezifischen Ausdruck. Dieser Ausdruck ist es, der in

Found-Footage-Filmen herausgearbeitet und sichtbar gemacht wird. Auf der „Ebene der Form erweist sich die Wahrheit dieser Bilder: Die Form ihrer Konstruktion stellt das reale Abbild ihrer Bedingungen dar. [...] Seine Form aber wird unweigerlich die Wahrheit sagen, und zwar über den Kontext des Bildes selbst, seine Herstellung und deren Bedingungen“ (ebd. 15). Nicht nur Found-Footage-Filme, die wie die vorliegenden von dokumentarischen Elementen ausgehen, stellen dabei gewisse „dokumentarische“ Wahrheiten aus, sondern auch Filme, die auf fiktionalen Formen beruhen – etwa Martin Arnolds *passage à l'acte* oder Farockis *Ein Tag im Leben der Endverbraucher* – arbeiten anhand einer formalen Analyse das Denken heraus, das das Überlieferte strukturiert, und machen so ideologische Implikationen bestimmter Formen zu bestimmten Zeiten sichtbar. In diesem Sinne sind auch solche Archivkunstfilme durchaus als dokumentarische Formen zu betrachten.

Neben der Darlegung, inwiefern Medien, hier Filmbilder, als Gedächtnisbestände fungieren und Prozessen des Vergessens und Erinnerns beziehungsweise Aktualisierens unterliegen, wird auch danach gefragt, wie diese Bilder in der Sekundärbearbeitung lesbar gemacht werden. Die Sekundärbearbeitung ist eine Form der Aktualisierung und kann damit exemplarisch für die Aktualisierung von Gedächtnisbeständen stehen. Sie ist angewiesen auf die Oberfläche des Bildes – denn das ist das Einzige, worüber wir verfügen –, welches anhand der Montage kontextualisiert wird. Mit den Begriffen des Dokuments und des Monuments eröffnet sich eine Möglichkeit der Beschreibung dieser vollzogenen Lektüre: Welche Aspekte werden sichtbar gemacht? Während das Dokument im Sinne einer positivistischen Geschichtsschreibung auf historische Ereignisse referiert, gewinnt der Begriff des Monuments für die vorliegenden Bearbeitungen an Bedeutung. Denn werden die Bilder als Monumente gelesen, so können ihre spezifischen Eigenschaften und Erscheinungsweisen hervortreten.

Dass die Filmemachenden nach dem Abfall und nach dem Ephemeren greifen, ist eine bewusste Hinwendung zum Monument, zu dem, was unintendiert überliefert wurde, zur Archäologie. Auch die hier ausgebreiteten gedächtnis- und bildtheoretischen Ausführungen bewegen sich weg von einer Lektüre von Bildern als Dokumente, hin zur Beschreibung von Aspekten des Monuments – zur Oberfläche, zum Erscheinenden, zum Überfluss, zum „Mehr“ der Bilder.

3 Von der Notwendigkeit der Repräsentation: *Aufschub*

Harun Farockis[26] Film *Aufschub* basiert auf dokumentarischen Aufnahmen aus dem Konzentrationslager Westerbork in den Niederlanden. Ursprünglich ein holländisches Flüchtlingslager für emigrierte Juden wurde Westerbork nach dem Einmarsch der Deutschen zum ‚polizeilichen Judendurchgangslager' und somit zum Ausgangspunkt für die Deportationen in den Osten, nach Auschwitz und in andere Konzentrations- und Vernichtungslager. Im Auftrag des Lagerkommandanten Konrad Gemmeker erstellte der jüdische Fotograf Rudolf Breslauer im Jahr 1944 eine unvollendet gebliebene Dokumentation des Lagers. Breslauer selbst wurde noch im selben Jahr deportiert und in Auschwitz ermordet. Die überlieferten Bilder zeigen die Menschen in verschiedenen alltäglichen Szenen, beim Sport, bei der Arbeit und kultureller Unterhaltung und lassen damit das Leben im Lager scheinbar harmlos aussehen. Westerbork war kein Vernichtungslager. Ab 1942 erfolgten jedoch Deportationen in den Osten, die Angst vor der Deportation bestimmte das Leben im Lager.[27] Nur eine dieser Deportationen, dank der erhaltenen Transportliste und der Filmbilder datierbar, wurde am 19. Mai 1944 von Breslauer dokumentiert.[28]

---

[26] Als einer der wichtigsten deutschen Filmemacher im Bereich des Essayfilms war Harun Farocki (1944–2014) seit den 1960er Jahren filmisch tätig. Schon immer sparten- und genreübergreifend aktiv, arbeitete Farocki seit den 1990er Jahren vermehrt auch installativ und wurde in Kunstinstitutionen ausgestellt, so etwa an der Documenta 12, 2007 in Kassel. Neben seinen filmischen Arbeiten war Farocki schon früh als Schreibender tätig, für Zeitschriften, Bücher und Rundfunk, und er war lange Redaktor der ‚Filmkritik' (vgl. ausführliche Webseite von Harun Farocki mit gesamten Werkverzeichnis http://www.farocki-film.de und Aurich/Kriest 1998). Zu *Aufschub* vgl. Alter 2009; Ehmann 2011; Elsaesser 2015, 2016; Kramer 2015; Lindeperg 2009; Reinecke/Semler 2008.

[27] „Westerbork liegt in einer entlegenen Gegend der Niederlande, dem Sibirien Hollands, wie es heißt. Nach dem Einmarsch der Deutschen 1940 wurde es ein Durchgangslager für Juden, aus dem wöchentlich Transporte in die Vernichtungslager im Osten abfuhren. Das Besondere ist, dass in dem Lager nicht geschlagen und gefoltert wurde. Kein Insasse wurde in Westerbork ermordet. Das Lager war, verglichen mit anderen KZs, zivil" (Farocki, in: Reinecke/Semler 2008: 1). Zu Westerbork vgl. auch den Lexikoneintrag *Westerbork,* in: http://www.holocaustresearchproject.org/othercamps/westerbork.html 11.11.2016.

[28] Farocki verweist in *Aufschub* anhand einer kaum entzifferbaren Kofferaufschrift und der Nummerierung der Wagons auf das genannte Datum der Deportation. Es ist jedoch anzunehmen, dass diese Rekonstruktion bereits viel früher erfolgte und Farocki sie übernahm. Laut einem Wikipedia-Eintrag war es der Journalist Aad Waagenaar, der in seinen Recherchen zum Leben von Settela Steinbach die gefilmte Deportation zeitlich situierte (vgl. [http://de.wikipedia.org/wiki/Settela_Steinbach] 11.11.2016).

Bestimmte Sequenzen und Bilder aus dieser Dokumentation, wie etwa das Bild des Roma Mädchens Settela Steinbach, wurden in zahlreichen Filmen über die Shoah verwendet und erhielten ikonischen Charakter.[29]

Die Ambivalenz der Bilder

Die Bilder aus Westerbork stellen ein singuläres Zeugnis des Dritten Reiches und der Vernichtungspolitik der Nationalsozialisten dar, gleichzeitig bleibt ihr Entstehungskontext im Dunkeln. Als Auftraggeber zeichneten die Machthabenden eines totalitären Regimes, die Kamera führte jedoch ein jüdischer Gefangener: Wer bestimmte, was wie dargestellt und überliefert werden sollte, und an wen richten sich die Bilder? In diesem paradoxen Entstehungskontext ist kaum zu eruieren, inwiefern Breslauer das Was und Wie des Bildinhaltes mitbestimmen konnte und die Intentionen, die die Entstehung dieser Bilder ermöglichten, bleiben unklar. Die Aufnahmen sind bestimmt durch die Ambivalenz, dass sie zeigen sollen, ohne zeigen zu dürfen. Sie sind vom Abwesenden, Nicht-Abgebildeten und dem Wissen des Zuschauers um dieses Abwesende bestimmt.

Thomas Elsaesser (2015: 12) spricht in Bezug auf die in *Aufschub* verwendeten Fragmente von einer „Ethik der Aneignung", die sich hier besonders komplex stellt. Denn erstens wurde das Bild von Settela Steinbach lange als Symbol für die Vernichtung der Juden vereinnahmt, gleichzeitig wurde die Vernichtung der Volksgruppe der Sinti und Roma wenig thematisiert. Zweitens wird die Frage nach der Autorschaft und der Perspektive des Blicks, an die auch das heikle Thema der Zusammenarbeit mit den Tätern gekoppelt ist, nie definitiv zu beantworten sein. Drittens wurden die Bilder nach Ende des Zweiten Weltkriegs, angefangen mit ihrer Verwendung in Alain Resnais *Nuit et Brouillard* wiederholt wiederverwendet und dabei auch dekontextualisiert und anonymisiert.

---

[29] Zu Settela Steinbach vgl. Lexikoneintrag *Westerbork*, in: http://www.holocaustresearchproject.org/othercamps/westerbork.html 11.11.2016. Auf der bis 2016 vom Fritz Bauer Institut betriebenen Webseite http://www.cine-holocaust.de/ (derzeit wird eine Benutzerschnittstelle entwickelt) ist eine Datenbank des Projekts *Die Cinematographie des Holocaust – Dokumentation und Nachweis von filmischen Zeugnissen* abrufbar. Dort ist nicht nur das ursprüngliche Filmfragment unter dem Titel *Westerbork* erfasst, sondern auch weitere Filme, in denen ebendiese Aufnahmen verwendet wurden. Das Bild erscheint etwa auch in *Nuit et Brouillard* (1955) von Alain Resnais.

Wie ist also mit der Ambivalenz dieser Bilder umzugehen? Als Ausgangspunkt dienen Farocki die überlieferten Bilder, *Aufschub* ist eine Bearbeitung genau *dieser* Dokumente. Im Film erscheinen keine zusätzlichen Bilder, vielmehr insistiert Farocki darauf, das vorliegende Material genau zu betrachten. Denn trotz dieser Ambivalenz ist den Bildern ein Status als singuläre Zeugnisse einzuräumen. Farocki besteht darauf, dass die Filmbilder Dokumente sind, die es in ihrer spezifischen Erscheinung genau zu untersuchen gilt, um sie dann sorgfältig lesbar zu machen.[30] Er belässt sie, wie überliefert, stumm, wählt jedoch gewisse Sequenzen und Bilder aus, wiederholt diese, gefriert sie zu Standbildern und fügt Zwischentitel ein. Er arbeitet mit den filmischen Mitteln der Montage und einer Gegenüberstellung von Sprache und Bild anhand der Einfügung von Zwischentiteln. Diese Zwischentitel dienen Farocki dazu, Kommentare, Assoziationen, ergänzendes Wissen oder subjektive Feststellungen anzufügen. Mit seiner Bearbeitung nimmt er eine Position ein, die zu einer präzisen und genauen Betrachtung des Erscheinenden aufruft, im Bewusstsein, dass nur auf dieser Grundlage ein historisches Wissen möglich wird.

Nach Elsaesser (2015: 14) stellt Farocki also nicht die Ethik der Aneignung in den Mittelpunkt, sondern beschäftigt sich mit Aneignung, „verstanden als Übertragung von Wissen, kulturellem Gedächtnis, Bildern oder Symbolen von einer Generation zur nächsten“. Die Rezeption und Diskussion solcher Erinnerungsbestände und -formen erfolgt dabei über die filmischen Dokumente selbst. Farocki bedient sich der sprachlichen Einschübe, um den Blick des Zuschauers zu leiten und die Bilder als Dokumente einer vorfilmischen Realität auszuweisen. Er situiert und erklärt die Bilder und legt sie damit auf eine bestimmte in einer vor- und nichtfilmischen Realität verankerte Bedeutung fest. Gleichzeitig verfolgt er ein suchendes und fragendes Annähern, wenn er Bilder wiederholt und die Subjektivität des Blicks anhand der Zwischentitel kennzeichnet. Seine Bearbeitung stellt den Versuch dar, auch die Vieldeutigkeit und das Abwesende, das diese Bilder vor allem konstituiert, bewusst zu machen. Er hakt dort ein, wo die

[30] Farocki expliziert dies im Interview. „Warum kein anderes Bildmaterial, etwa aus KZs nach der Befreiung?“ „Weil man die historischen Bilder ernst nehmen muss. [...]. Auch deshalb habe ich nur Bilder aus Westerbork verwendet. Und versucht, diese Bilder in Wiederholung so anzureichern, dass sie lesbar werden“ (Reinecke/Semler 2008: 1).

Bilder seines Erachtens etwas verschweigen. Die Bilder fungieren in einer dokumentarischen Tradition als Belege einer vergangenen Realität, gleichzeitig wird ihr ambivalenter Status, ihre Offenheit und Mehrdeutigkeit und damit auch die Arbeit des Entzifferns in den Vordergrund gestellt. Farocki umkreist so essayistisch ein abstraktes Thema, ohne abschliessende Antworten oder Lösungen zu präsentieren. In der Montage und dem Einsatz der Zwischentitel lässt sich eine Vermischung von dokumentarischen und essayistischen Strategien beobachten, die versuchen, der Ambivalenz der Bilder zu begegnen.

3.1 Die dialektische Annäherung: Zwischen Essay- und Dokumentarfilm, Monument und Dokument

Den Film eröffnen Standbilder und informative Zwischentitel. Auf den Verweis, Breslauer sei beauftragt worden, einen Film zu drehen, folgt die Fotografie eines Mannes im Lager vor einer Kamera (A: 1).[31] Die Titel liefern Hintergrundinformationen zum Lager und zu den Filmfragmenten und verknüpfen die Bilder zu einer sinnstiftenden Abfolge – der auf der Fotografie abgebildete Mann mit dem Stativ wird als Rudolf Breslauer identifiziert, der an besagtem Film arbeitet. Es erfolgt der Auftakt einer Erzählung: „Ein Zug aus Amsterdam fährt in das Lager Westerbork ein". Darauf montiert Farocki eine Szene der ankommenden jüdischen Gefangenen (A: 2). Farocki arrangiert das Material anhand von dokumentarischen Strategien und narrativen Mustern und weckt so beim Zuschauer eine „dokumentarisierende Lektüre" (Odin 1990: 125-146). Die folgenden Titel alternieren zwischen weiteren Informationen und Erklärungen, lassen aber auch Platz für subjektive Sichtweisen und Fragen: „SS-Männer stehen herum und unterhalten sich, niemand scheint sie fürchten zu müssen" (A: 3); „Sind diese Bilder eine Beschönigung?" (A: 4). Diese Beobachtungen brechen die bis dahin etablierten beschreibenden und narrativen Modi auf, entfalten eine retardierende Wirkung und zielen auf eine Reflexion seitens der Zuschauer. Mit den Zwischentiteln, die als einzige neu hinzugefügte Elemente die Wahrnehmung des Zuschauers entscheidend beeinflussen, etabliert Farocki stets gleichberechtigt nebeneinanderstehende dokumentarische und essayistische Lektüren. Wenn die sprachlichen Einschübe die

---

[31] Verweise auf Filmstellen erfolgen jeweils mit dem Anfangsbuchstaben des Filmtitels sowie der Minutenangabe (A für *Aufschub*, P für *Passagen* und F für *The Film of Her*).

Bilder erklären, fungieren sie in einem dokumentarischen Modus wie die Erklärstimme im Dokumentarfilm oder die Legende eines Pressebilds, welche die Bilder situieren und ihnen eine Bedeutung zuweisen.[32] Während ein solcher Einsatz von sprachlichen Ergänzungen sowohl eine Ordnung der Dokumente als auch Lektüreanweisungen für den Betrachter ermöglicht, markiert er gleichzeitig einen Mangel der Bilder, der durch die Hinzufügung anderer Elemente kompensiert werden muss. Blümlinger (2003: 86) beobachtet dies in *Free Fall* von Peter Forgács: „Der Mangel wird hier also nicht als etwas Produktives begriffen, das dem Zufall, der Materialität und der Diskontinuität der gefundenen Filme geschuldet wäre und somit aus dem Material selbst spricht, sondern bereits den Aussagen zugeordnet, die dieses als Dokument erlaubt". Dieser Mangel, den Farocki markiert, wird folglich als Aussage des Dokumentes begriffen. Die Titel müssen bezeugen, was die Bilder auf den ersten Blick nicht können. Sie weisen den Bildern eine bestimmte Aussage einer Ereignisgeschichte zu.[33]

Farocki verharrt jedoch nicht bei diesem häufig in Dokumentarfilmen eingesetzten Darstellungsmodus, sondern ergänzt diesen mit essayistischen Strategien. Durch die subjektive Kennzeichnung der Titel lässt er Lücken und Zwischenräume offen, wenn er Aussagen im Konjunktiv oder als Frage formuliert – „vielleicht" oder „ich denke" (A: 26, 34, 35). In einem suchenden und kreisenden Modus wird so den Bildern ihre Ambivalenz nicht genommen, sondern das verstörende Moment der Unerklärbarkeit und des Nichtwissens belassen. Diese selbstreflexive essayistische Position dient ebenfalls dazu, auf die Materialität und Ästhetik der Bilder aufmerksam zu machen. Sowohl die Überlieferung als auch die Ästhetik wird konkret thematisiert: „Der Film über das Polizeiliche Judendurchgangslager Westerbork ist nicht fertig geworden" (A: 5); „Erhalten sind etwas 90 Minuten Material, wenig bearbeitet, nach Schauplatz geordnet" (A: 5);

---

32 So zum Beispiel wenn das Bild einen einfahrenden Zug zeigt: „Männer und Frauen werden ins Lager verbracht. Weil sie Juden sind, nach dem Rasse-Begriff der Nazideutschen" (A: 2). Oder bei der Aufnahme der FK-Armbinde: „FK = Fliegende Kolonne, eine Einheit der Lagerpolizei" (A: 3).

33 Die Aufschrift auf dem Koffer der Frau, anhand derer Farocki auf die Datierung des Transports verweist, ist so auf den Bildern nicht zu erkennen, sondern muss in den Zwischentiteln bestätigt werden (A: 16). Ähnlich verhält es sich mit der korrigierten Zahl auf dem Wagon. Durch das Festhalten des Bildes wird die Korrektur für den Zuschauer zwar anhand der Bilder kenntlich gemacht, dies wird jedoch mit den Zwischentiteln verdeutlicht, die den Zuschauerblick explizit lenken (A: 17).

„Diese Einstellung wurde in Zeitlupe aufgenommen" (A: 22). Die Aussagen der Zwischentitel erweisen sich somit als überaus vielschichtig. Bedeutungsfestlegungen,[34] reflektierende und retardierende Momente, wie etwa die Feststellung, dass die Bilder sich auch anders lesen lassen (A: 25), reihen sich neben den Verweis auf bestimmte, beim ersten Sehen kaum wahrnehmbare Details[35] und thematisieren den Standpunkt und die Erwartungshaltung des Betrachters: „Wir erwarten andere Bilder aus einem Lager der Nazi-Deutschen" (A: 10).

Die Aussagen in den Zwischentiteln, die neben der Montage durch die Lektüre der Bilder führen, alternieren zwischen dokumentarischen und essayistischen Strategien. Erstere heben die Dimension des Dokumentes, letztere hingegen die Dimension des Monumentes hervor. Die Situierung, Erklärung und Erzählstrukturen, die bestimmende und teilweise unterstellende Lesart, der Verweis auf eine ausserfilmische Referenz sind Momente, die die Bilder als Dokumente ausweisen. Auf anderen Ebenen sind Dimensionen des Foucaultschen Monumentes auszumachen. Farocki kritisiert explizit die häufige Verwendung der Bilder als Belege eines bestimmten vorgefassten diskursiven Standpunktes. Ohne Einbezug des Entstehungskontextes und ihrer Überlieferungsgeschichte sind diese aus ihrem Zusammenhang gerissen und entwertet:

> Diese Bilder werden im TV oft stark kompiliert. Dabei verlieren sie ihren Wert als Dokument. Das Kompilieren - was ja ein seriöser Begriff für Plündern ist - hat gerade bei Aufnahmen aus KZs dazu geführt, dass niemand mehr weiß, was dies für Bilder sind: Sind sie nachinszeniert? Sind es Spielfilmbilder? Wer hat sie warum gedreht? Auch deshalb habe ich nur Bilder aus Westerbork verwendet (Reineke/Semler 2008: 1).

Die Kritik am Kompilationsfilm und das Insistieren auf der Betrachtung des Erscheinenden zeigen, dass nicht anhand einer visuellen Rekonstruktion Vergangenheit sichtbar gemacht werden soll. Das Überlieferte muss in seiner ihm

---

[34] Bedeutungsfestlegungen wie etwa „Das kann nur heissen: wir sind eure Arbeitstiere" (A: 24); „Es galt zu beweisen, wie nutzbringend dieses Lager war" (A: 23); „Die Insassen von Westerbork fürchteten, das Lager werde bald aufgelöst" (A: 23); „Diese Filmaufnahmen sollten das Verhängnis abwenden"; „Die Bilder sollten sagen: Das Lager nicht auflösen, die Arbeiter nicht deportieren!" (A: 24) unterstellen den Bildern Aussagen, die Farocki ihnen von Außen zuschreibt, die er aber nicht immer deutlich subjektiv kennzeichnet.

[35] „Im Hintergrund Lagerbaracken", (A: 10); „Dabei gilt es das Lächeln der Frauen wahrzunehmen" (A: 30).

eigenen Form betrachtet werden, auch wenn es als Bild offen und unbestimmt erscheint. Die rätselhafte Existenz der Bilder als, wie es Aleida Assmann (vgl. 2003: 220) nennt, stumm und überdeterminiert, führt dazu, dass sie entweder beliebig eingesetzt oder überhaupt nicht einbezogen werden. Georges Didi-Huberman (2007: 56, 57) konstatiert eine „*zweifache Ordnung*", die Historiker dazu veranlasst, sich von Fotografien zurückzuziehen: Diese sind sowohl subjektiv und fragmentarisch als auch durch den durch die Belichtung erfolgten Abdruck im Material dem Abgebildeten ähnlich. Ihre Existenz als gleichzeitig ungenau und reichhaltig bewirkt, dass den Bildern entweder zu viel – wenn ihnen die ganze Wahrheit abverlangt wird – oder zu wenig – wenn man sie aus dem Bereich des Historischen ausschliesst – zugetraut wird.

Didi-Huberman vertritt in *Bilder trotz allem* (2007) eine Position, die dezidiert gegen ein absolutes Verständnis des Undarstellbaren agiert.[36] Auch wenn Ereignisse in ihrer traumatischen Dimension niemals vollständig darstellbar und benennbar

[36] Didi-Huberman betrachtet vier Fotografien aus Auschwitz, die von Häftlingen des Sonderkommandos unter Lebensgefahr aufgenommen und später aus dem Lager geschmuggelt wurden. Diese Bilder stehen unter dem Paradox, dass sie die Vernichtung der Juden nicht abbilden und nicht abbilden können, aber trotzdem einzigartige Quellen darstellen. Die Bilder zeigen das Gelände um das Krematorium V in Auschwitz, sie sind verwackelt und unscharf. Auf zwei Bildern ist jedoch im Hintergrund, wie die von Didi-Huberman genannten Titel festhalten, die „*Einäscherung Vergaster in den Verbrennungsgräben unter freiem Himmel vor der Gaskammer des Krematoriums V in Auschwitz*" zu sehen. Die dritte Fotografie lässt im unteren rechten Bildrand Frauen auf dem Weg in die Gaskammer erkennen, während die vierte nur noch Landschaft zeigt. Wie Didi-Huberman (2007: 37–45; 41; 158) ausführlich darlegt, gehörte zu der Vernichtungspolitik der Nationalsozialisten auch die Auslöschung sämtlicher Spuren und Erinnerungen an die Vernichtungen. In diesem Kontext „demonstriert die Fotografie ihre besondere Fähigkeit, sich dem absoluten Willen zur Auslöschung zu widersetzen", so wie es auch die „Rollen von Auschwitz" – die zahlreichen vergrabenen und versteckten Dokumente in Auschwitz – versinnbildlichen. In diesem Sinne verkörpern die vier Bilder ein doppeltes *trotz allem*. Darauf bezieht sich der Titel von Didi-Hubermans Text: Sie entreissen dem Ereignis, das nicht hätte bezeugt werden sollen, ein Zeugnis, und sie sind Bilder des Ereignisses, das durch kein Bild dargestellt werden kann. *Bilder trotz allem* geht die Ausstellung *Mémoire des camps. Photographies des camps de concentration et d'extermination nazis (1933–1999)* im Jahr 2000 in Paris und einer Erstveröffentlichung des ersten Teils von Didi-Hubermans Text im gleichnamigen Ausstellungskatalog zuvor. Diese löste ihrerseits eine heftige Kontroverse aus, auf die Didi-Huberman wiederum mit *Bilder trotz allem* (franz. 2003) reagierte. Er bezieht damit auch entschieden Stellung gegen von Gérard Wajcman, Elisabeth Pagnoux und Claude Lanzmann vertretene Positionen, die auf der Undarstellbarkeit der Shoah und der bilderlosen Erinnerung bestehen.

sind, ist es trotzdem möglich, sich ein Bild zu machen. In Anbetracht der vier von Didi-Huberman diskutierten Fotografien, die in Auschwitz-Birkenau von Häftlingen des Sonderkommandos erstellt wurden und die damit dem Undarstellbaren trotz allem ein Bild entrissen haben, wird Darstellen Pflicht. Diese Darstellung kann nicht anders als bruchstückhaft und lückenhaft sein, sie kann jedoch durchaus – wie es Hannah Arendt formuliert hat – „Momente der Wahrheit" artikulieren (Arendt, in Didi-Huberman 2007: 55). Wenn die Bilder auf ihren Status als Dokumente und damit auf ihren informativen Gehalt reduziert werden, kann der Historiker nur folgern, dass die Bilder die Ereignisse nicht wiedergeben können. Didi-Huberman (ebd. 58-63) beobachtet zwei Möglichkeiten, die Bilder nicht zu beachten, die beide oftmals mit manipulatorischen Eingriffen einhergehen. Neben ihrer Verwendung als Ikonen des Entsetzens[37] wurden die Bilder wiederholt zu Dokumenten degradiert, um sie informativer und vorzeigbarer zu machen, und damit ihrer Phänomenologie beraubt. Gerade das Nichtinformative der Bilder (die „schwarze Masse", die „Dunkelzone") ist jedoch Teil ihrer spezifischen Phänomenologie und macht sie zum visuellen Ereignis, als welches sie gelesen werden müssen (ebd. 62). In der Reduktion auf ihren dokumentarischen Status konstatiert Didi-Huberman (ebd. 61) einen „formalen, historischen, ethischen und ontologischen Eingriff". Damit betont er in der Tradition Foucaults die Notwendigkeit, das Überlieferte in seiner spezifischen Erscheinung, in seiner Dimension des Monuments zu betrachten. Er besteht jedoch gleichzeitig darauf, dass die Bilder einen dokumentarischen Gehalt in sich tragen. Die Bilder zeigen nichts und sind doch singuläre Überreste. Indem Didi-Huberman ihre Entstehungsgeschichte rekonstruiert, die Bilder kontextualisiert und ihre Lektüre bildtheoretisch-philosophisch reflektiert, zeigt er exemplarisch die von ihm vorgeschlagene „dialektische Annäherung" auf, die „Sprache und Schweigen, Mangel und Rest, *Unmöglichkeit* und *trotz allem*" umfasst (ebd. 153; Hervorhebung i.O.).

Auf ähnliche Weise fokussiert Farocki die Paradoxie der Bilder. Seine Lektüre wechselt zwischen dem Bestehen auf dem Dokumentstatus der Aufnahmen, der Sichtbarmachung der Materialität, Produktions- und Rezeptionsbedingungen, zwischen einer eindeutigen Interpretation, einer Lenkung des Zuschauerblickes und einem gleichzeitigen Verweisen auf die Ambivalenz des Materials. Der Versuch,

[37] So wurden die Bilder oft massiv bearbeitet, sie wurden vergrössert und retuschiert, die Körper der Abgebildeten neu modelliert, um in ihnen *alles* zu erkennen (vgl. ebd. 58–59).

sich etwas vorzustellen, „*sich ein Bild zu machen*“ ist stets an den Betrachter gekoppelt (Didi-Huberman 2007: 226; Hervorhebung i.O.). Mit der vorliegenden Bearbeitung wird der Prozess der Lektüre und der Betrachtung als sinnerzeugendes Moment über eine eindeutige ausserfilmische Referenz gestellt und damit das Fragmentarische und Lückenhafte, der Zwiespalt, den diese Bilder erwecken, betont.[38]

Das Nicht-Sichtbare

Die Montage folgt Prinzipien der dialektischen Annäherung. Wenn das letzte Bild einen ausfahrenden Zug zeigt und somit den zu Beginn eröffneten Erzählbogen schliesst, verfolgt sie narrative Strategien (A: 38). Diese tendieren dazu, die Bedeutung der Bilder festzulegen und sie ihrer Mehrdeutigkeit zu entreissen. Andere Strategien öffnen den Blick für das Nicht-Abgebildete, etwa wenn durch Wiederholung mit jedem nochmaligen Zeigen im Gedanklichen neue Bedeutungsebenen hinzugefügt werden können.[39] Dieses mehrfache genaue Hinsehen fordert den Zuschauer didaktisch dazu auf, sich erneut und eingehend mit dem Vorliegenden zu beschäftigen. Durch die Wiederholung wird die Kontinuität aufgebrochen und das Bild zur Zeit in Beziehung gesetzt. Der etablierte zeitliche Ablauf ordnet sich weniger einem fortschreitenden Geschehen unter als dass er einer zyklischen Struktur folgt. Anstelle einer kohärenten und kontinuierlichen Erzählung

---

[38] Auch Sven Kramer (2015) diskutiert in seinem Artikel die Kombination von dokumentarischen und essayistischen Verfahren und beschreibt unsere Beziehung gegenüber solchen Bildern als *double bind*: Wir halten am Dokumentarischen fest und dürfen die Vieldeutigkeit des Materials trotzdem nicht vereindeutigen (ebd. 32). Aufgrund dieser Vieldeutigkeit bleibt für ihn die Frage nach der Relevanz solcher Lektüren für die Geschichtswissenschaft, die an einem „wissenschaftlichen Anspruch auf Eindeutigkeit“ festhalten muss, unbeantwortet (ebd. 32). Kramer entwickelt seine Argumentation aus gegensätzlichen Kritiken an Yael Hersonskis Film *A Film Unfinished* von Dirk Rupnow und Rainer Rother. Mir scheint es jedoch keinen so klaren Gegensatz zwischen historischer Forschung und nichtwissenschaftlichen künstlerischen Verfahren zu geben. Wie auch Kramer selbst anmerkt, betrifft die Vereinnahmung von Bildern durch die Lektüre ebenso die Arbeit der Historiker. Erkenntnisgewinn und Kontextualisierung ist nicht mit Geschichtsschreibung, künstlerische Verfahren nicht mit subversiver Strategie gleichzusetzen. Farockis künstlerische Verfahren und seine Thematisierung einer „Ethik der Aneignung“ (Elsaesser 2015: 12) könnte auf der gleichen Ebene wie Rupnow als Kritik an einem undifferenzierten Umgang gelesen werden und trägt so auf einer Metaebene etwas zur Diskussion um den Status von Bildern als historische Quellen bei.

[39] Einige Sequenzen, die wiederholt gezeigt werden: Wiederverwertung der Kabel (A: 8; 29), Frauen bei der Arbeit (A: 9; 30), Sport (A: 11; 31), Deportation (A: 14; 31).

tritt ein erneutes Blicken. Festhalten, Zurückblättern, Stehkader und Zeitlupen bewirken eine Dehnung und subjektive Wahrnehmung der Zeit. Anhand von dokumentarischen Strategien markiert Farocki einen ursprünglichen Raum (das Lager Westerbork) und eine ursprüngliche Zeit (die Zeit der Aufnahmen 1944). Darauf aufbauend schafft er ein komplexes Gefüge verschiedener Zeit- und Bedeutungsebenen. Das Bewusstsein für Nicht-Abgebildetes und Abwesendes wird damit geschärft. Die sprachlichen Einschübe verweisen explizit darauf, dass das Verhalten der Menschen möglicherweise von der Anwesenheit der Kamera beeinflusst war: „Aus Zeugnissen wissen wir, dass es manchmal auf dem Bahnsteig zu verzweifelten Ausbrüchen kam"; „Vielleicht hat die Anwesenheit der Kamera den Deportierten Hoffnung gegeben" (A: 34). Die für den Essayfilm charakteristische Kollisionsmontage von Bild und Bild und Bild und Text macht Nicht-Sichtbares sichtbar. Wenn zwischen den Bildern von den Arbeitsvorgängen in der Wäscherei und von der Zahnstation ein Titel darauf hinweist, dass der Kameramann Rudolf Breslauer später in Auschwitz ermordet wurde, so evoziert der Kontrast der alltäglichen Vorgänge mit Tod und Vernichtung das Abwesende umso stärker (A: 7). Die Harmlosigkeit der Bilder erscheint plötzlich unheimlich und rätselhaft und das Nicht-Sichtbare, das die Bilder nicht zeigen und nicht zeigen können, wird gedanklich in den Mittelpunkt gerückt.

Die Bedeutung entsteht in der Konstruktion, durch die Kollision mit den Zwischentiteln und der Wiederholung entstehen fortlaufend weitere Bedeutungsschichten. Diese werden bewusst evoziert, wenn Farocki auf die ins kollektive Gedächtnis eingegangenen Ikonen des Grauens verweist: „Bilder, die wir aus anderen Lager kennen, überlagern die aus Westerbork / Auf das Bild der Mittagsruhe – / legt sich das Bild von Toten unter freiem Himmel in Buchenwald / Weisse Kittel im Lagerlabor / Sie lassen denken an die Menschen-Versuche in Auschwitz und Dachau" (A: 27-28). Diese Bilder müssen nicht gezeigt werden, sie werden dazu assoziiert. In einem rätselhaften und verstörenden Geflecht von Beschreibungs- und Reflexionsfragmenten zeigen sich Schichtungen nicht sichtbar in Form einer Überlagerung von Einstellungen, sondern im Imaginären, in der Vorstellung. Durch eine vertikale Montage legen sich durch Wiederholung neue Kontextualisierungen über vorangegangene. Die Struktur bei Farocki kann als unvollendetes Palimpsest beschrieben werden, in dem sich diverse heterogene Ebenen überlagern, ohne sich gegenseitig zu erklären.

Die Wiederholung der Bilder dient dem Untermauern des eigenen Standpunktes. Die subjektive Kennzeichnung und das lange Zeigen der Bilder, das ein genaues Betrachten ermöglicht, öffnen die Sekundärbearbeitung jedoch für weitere und andere Lektüren. Farockis Arbeit erscheint in diesem Sinn auf eine produktive und didaktische Weise ‚unvollendet' – durch den Betrachter zu ergänzen und Anlass zur Diskussion.

Mit dem Verweis auf die Ikonen des Grauens kristallisiert Farocki Bedeutungsmomente heraus, die auf einen mit diesen und mit anderen, von Farocki bewusst nicht gezeigten Bildern geführten Erinnerungsdiskurs über die Shoah verweisen. Auf die kritische Betrachtung eines ikonografischen Kanons von Shoah-Bildern, den Farocki in *Aufschub* diskutiert, möchte ich im Folgenden näher eingehen, und gleichzeitig auch *Aufschub* in dem angesprochenen Diskurs, das heisst den Film selbst in seiner Erscheinung, historisch situieren.

3.2 Überlieferung und Aktualisierung eines kollektiven Bildgedächtnisses der Shoah

Die vier in *Bilder trotz allem* diskutierten Fotografien unterscheiden sich von den Filmbildern aus Westerbork, insofern der Akt der Erstellung der Ersteren sich als bewusster und aktiver Widerstand gegen das von den Nationalsozialisten verordnete Bilderverbot richtete. Das von den Machthabenden selbst produzierte überlieferte Fragment aus Westerbork muss jedoch kritisch befragt werden – auch wenn es nicht wie der Film aus Theresienstadt als Propaganda gelesen wird.[40] Und doch erscheinen auch die Westerbork-Bilder in Farockis Bearbeitung als Zeugnisse, die es zu betrachten gilt. Es sind Bilder der Shoah, „und wenn sie auch nicht alles sagen – und noch weniger ‚das Ganze' umfassen – verdienen sie es doch betrachtet und als besonderer Tatbestand, als *Zeugnis und Teil des Ganzen* dieser tragischen Geschichte befragt zu werden" (Didi-Huberman 2007: 100; Hervorhebung i.O.). Ich verstehe Farockis Arbeit als eine Arbeit an einem Teil dieses Ganzen. Das Bewusstsein, dass die Konstruktion aus einer bestimmten Gegenwart und einer bestimmten Position

[40] Ein weiterer Auftragsfilm der Nationalsozialisten, bekannt unter den zwei Titeln *Theresienstadt. Ein Dokumentarfilm aus dem jüdischen Siedlungsgebiet* und *Der Führer schenkt den Juden eine Stadt* entstand in Theresienstadt, gedreht vom Schauspieler und Regisseur Kurt Gerron. Dieser Propagandafilm wurde produziert, um die Außenwelt über die wahren Zustände in den deutschen Konzentrations- und Vernichtungslager zu täuschen, vgl. http://cine-holocaust.de/site/cdh.php [11.11.2016].

und Perspektive erfolgt, bleibt bestehen. Es ist ein Versuch, Zustände eines bestimmten historischen Momentes zu verstehen und dabei sowohl Materialität als auch Wissen auszustellen, da es kein geschichtliches Wissen gibt, das von den Medien abstrahieren kann. Damit bewegt sich Farocki an einem Wendepunkt des Diskurses, den Didi-Huberman (2007: 101) als aktuelle Tendenz der Geschichtsschreibung bezüglich der historischen Aufarbeitung der nationalsozialistischen Konzentrations- und Vernichtungslager ausweist. Didi-Hubermans Arbeit selbst und die Ausstellung *Mémoires des camps. Photographies des camps de concentration et d'extermination nazis (1933-1999)* im Jahr 2000 in Paris,[41] auf die er sich bezieht und die eine heftige Kontroverse auslöste, markieren solche Positionen. Aber auch Raul Hilberg widmet sich in *Die Quellen des Holocaust. Entschlüsseln und Interpretieren* (2002) den grundlegenden Problematiken des dokumentarischen Materials und damit den Eigenschaften und Erscheinungsweisen der jeweiligen Speicherungs- und Überlieferungsmedien. Gegen diese Positionen stellt sich nur vermeintlich das Paradigma der Undarstellbarkeit der Shoah. Es wird von der „Undarstellbarkeit dieses Ereignisses ausgegangen, an der jeder Versuch, den Holocaust als ‚innere Erfahrung' und in seiner Bedeutung als ‚kulturellen Bruch' vorzustellen und zu verstehen, unangemessen ist und scheitern muss" (Paech 2003: 13). Die Gefahr der Verharmlosung und der Fetischisierung der medialen Darstellung besteht und wurde wiederholt formuliert. Didi-Huberman widerspricht dieser Sichtweise nicht grundsätzlich, sondern besteht, wie auch Hilberg und Farocki, auf einer Pflicht und Notwendigkeit des Aufarbeitens, des Erinnerns und der Historisierung, die wahrgenommen werden muss und die auch früh wahrgenommen wurde:

> Ein *Gesamtbild* der Shoah gibt es nicht, das wird von niemandem bestritten. Der Grund liegt aber nicht darin, dass es unmöglich wäre, sich ein Bild der Shoah zu machen, sondern darin, dass ein Bild tatsächlich *nicht alles sein* kann. Nach den Worten Walter Benjamins stellt das Bild einen *Funken* dar, keineswegs aber die *Substanz*. Das rechtfertigt es freilich nicht, es aus der Reihe der Hilfsmittel auszuschliessen, mit denen wir uns dem schrecklichen Abschnitt der Geschichte, von dem hier die Rede ist, notdürftig annähern. Die Dokumente in den Archiven geben uns niemals ein ‚Absolutes' zu sehen. Trotzdem irrt Gérard Wajcman, wenn er sie aus diesem Grund als theoretisch unzureichend

---

[41] Diese Ausstellung, die im Jahr 2001 auch im Fotomuseum in Winterthur gezeigt wurde, thematisiert weniger die Funktionsweisen der Lager als die Bedingungen, unter denen die fotografischen Zeugnisse hergestellt und verbreitet wurden (Didi-Huberman 2007: 215).

disqualifiziert. Was sie uns vorschlagen, ist weitaus komplexer, und es ist schwierig – aber wichtig – aus ihnen Objekte des Wissens zu machen (Didi-Huberman 2007: 123-124).

Visuelle Zeugnisse

Dem Bestehen auf die Nichtdarstellbarkeit der Ereignisse steht eine immense Bilderflut des Darstellens gegenüber, die die Vorstellungswelten und Diskurse über die Shoah als Ereignis und als Erinnertes entscheidend geprägt hat (vgl. Paech 2003: 13-30; auch Kramer 2003: 7–12).[42] Diese Bilderflut umfasst nicht nur heute bekannte und populär gewordene fiktionale Filme wie *Schindler's List* (1993), *La vita è bella* (1997) oder die Fernsehserie *Holocaust* (1979). Die Mehrzahl der ins kollektive Gedächtnis eingegangenen Bilder wurde nach der Befreiung durch die Alliierten aufgenommen und in Folge von den Siegermächten gezielt zur Aufklärung und Anklage der Bevölkerung eingesetzt. Wie Didi-Huberman (vgl. ebd. 37-45) ausführlich darstellt, geht dieser Bilderflut ein rigides Bilderverbot voran, verhinderte die deutsche Kriegs- und Besatzungsmacht doch die Herstellung von Bildern der Vernichtung, die einmal abgeschlossen, durch nichts mehr zu beweisen und zu bezeugen sein sollte. Ein gezielter Umgang der Nationalsozialisten mit visuellen Medien beobachtet Knoch (2003: 90) bereits „in den frühen Instrumentalisierungen der Fotografie im Rahmen der NS-Propaganda, die nach 1933 in theoretischen Abhandlungen und Presseanweisungen ihre Fortsetzung fand". Wie sich die Nationalsozialisten die ‚Macht der Bilder' propagandistisch aneigneten und Film und Fotografie für ihre Zwecke instrumentalisierten, so verweigerten und verhinderten sie auch jegliche bildliche Repräsentation der Vernichtung der jüdischen Bevölkerung, was zu einer „visuellen Leerstelle" geführt hat (Knoch 2003: 90). Die Vernichtung der Juden steht unter dem merkwürdigen Paradox des absoluten Bild- und Dokumentationsverbotes und einer gleichzeitigen ausführlichen und überaus genauen Erfassung sämtlicher Schritte, die letztlich zur Vernichtung der Juden führte. Die in den Lagern von den Nationalsozialisten selbst erstellten

---

[42] Laut Paech (2003: 14) ist dabei das Darstellen oft eher ein Entstellen, die sich an das „phänomenale Äussere des Ereignisses" klammert und damit dessen Singularität „in seiner medialen Wiederholbarkeit zum Medienereignis hat werden lassen". Die Ereignisse werden folglich „als imaginär rezeptiert, sofern sie nur noch als dargestellte Ereignisse wahrgenommen werden. Jene Erfahrungen des Katastrophalen [...] können nicht einfach vergessen oder bewältigt, sondern müssen umgedeutet und wiederholt werden. Genau das leisten die Medien, indem sie Ereignisse als deren schier endlose Wiederholung generieren" (ebd. 22–23).

visuellen Dokumentationen wurden vor Kriegsende grösstenteils zerstört. Es existieren daher kaum bildliche und filmische Quellen, die die Vernichtung der Juden während des Dritten Reiches belegen.[43]

Das nach Kriegsende von den Alliierten zur Aufklärung eingesetzte visuelle Gedächtnis setzt sich daher hauptsächlich aus Bilder zusammen, die nach Kriegsende entstanden. Deren Zielsetzung der „Entnazifizierung“ betrachtet Brink (2003: 51–69) jedoch als gescheitert. Nach einer allgemeinen Verdrängung der Ereignisse kehren die visuellen Zeugnisse erst um 1955 wieder an die Öffentlichkeit zurück – unter anderem in Form von Alain Resnais' Film *Nuit et Brouillard.* Hier entsteht ein öffentliches „Bildgedächtnis der NS-Verbrechen, dessen fotografischer Grundbestand und visuelle Muster bis in die Neunzigerjahre weitgehend unverändert bleiben sollten“ (Knoch 2003: 87). Wie Knoch für den Zeitraum von 1955 bis 1965 exemplarisch kenntlich macht, zeigt sich dabei keine Kongruenz der Modi des Archivs und der Aktualität. Im Ringen um Zeig- und Sagbarkeitsregeln wird ein visueller Kanon erarbeitet, der nur einen kleinen Teil der tatsächlich vorliegenden historischen Aufnahmen ausmacht. Diese Aktualisierung gliedert bestimmte Archivbestände in Schwerpunkte und Narrative und ist dabei vor allem an das Selbstverhältnis der westdeutschen Gesellschaft gekoppelt. Sie erfolgt aus einer bestimmten Gegenwart, die sich ihre eigene Vergangenheitsversion schafft. Aktualisierungen sind sowohl Aufbruch in einem gewissen zeithistorischen Kontext als auch Schichtungen und Palimpseste, die diachron in einem engen Zusammenhang stehen zu Entwicklungen vorheriger und nachmaliger Erinnerungsformen (vgl. ebd. 87–88). Die jeweilige Aktualisierung zeigt sich als eine Frage der politischen Macht. Dies verdeutlicht bereits die von den Nationalsozialisten geschaffene visuelle Leerstelle und die Aufklärungskampagnen der Alliierten. Auf die verschiedenen Faktoren und Subjekte, die das Erscheinen bestimmter Aussagen und Bilder zu einer bestimmten Zeit erst ermöglichen und erschaffen, verweist auch Kramer (2003: 8): „Welche Bilder zu welcher Zeit die Diskurse prägten, beruht auf unterschiedlichen Faktoren: auf der Definitionsmacht der Bildproduzenten, der Akzeptanz der

[43] Die Gleichzeitigkeit des Bilderverbots und des ausführlichen Erfassens und Dokumentierens beschreibt Didi-Huberman in *Bilder trotz allem* (2007: 37–45), um damit auch die Bedeutung der bei ihm diskutierten Fotografien herauszustreichen. In Auschwitz existierten zwei Fotolabore, deren Erzeugnisse jedoch gegen Ende des Krieges von den Nationalsozialisten systematisch zerstört wurden und von denen nur einige wenige durch KZ-Insassen bewahrt werden konnten (vgl. ebd. 44).

Rezipienten, dem Charakter des Abgebildeten – etwa der Neuartigkeit –, den Distributionswegen sowie der medialen Erreichbarkeit – um nur einige Faktoren zu nennen."

Zeigen oder Nicht-Zeigen

Die unzähligen medialen Bearbeitungen der Shoah, die trotz einer weitgehenden Verdrängung bis in die 1960er und 1970er Jahre bereits Ende der 1940er Jahren entstehen, erreichen nicht alle dieselbe mediale Aufmerksamkeit. Während etwa der von Farocki bearbeitete Film – bis auf einige noch zu erwähnende Ausnahmen – kaum bekannt sind, „so bleiben andere Bilder scheinbar zeitenthoben präsent. Zu ihnen gehören die ersten Aufnahmen der Alliierten aus den befreiten Lagern, etwas die Leichenberge in Bergen-Belsen, die Befreiten hinter Stacheldraht, die Gleise und das Tor von Auschwitz" (Kramer 2003: 8). Alain Resnais zeigt diese Aufnahmen in seinem 1955 entstandenen Werk *Nuit et Brouillard*. Claude Lanzmann hingegen bezieht mit dem über die Zeitdauer von mehreren Jahren entstandenen Dokumentarfilm *Shoah* (1985) Stellung gegen das Zeigen solcher historischen Bilder, da er darauf besteht, dass kein Archivbild die Shoah zeigen kann – es sind Bilder ohne Einbildungskraft (vgl. Didi-Huberman 2007: 138).[44] Didi-Huberman lokalisiert Lanzmanns Film in einer Zeit, in der „es gleichzeitig zu viele Bilder der Konzentrationslager [...] gab, mit denen man nichts als Verwirrung stiftete, indem man sie für eine verallgemeinernde Illustration der Vernichtung in den Gaskammern benutzte" (ebd. 137). Lanzmanns Verweigerung ist folglich auch in einem Kontext der Abstumpfung und der fehlenden Authentizität von Bildern, die zu Ikonen des Grauens wurden, zu verorten. In *Nuit et Brouillard* werden nach einer Zeit der Verdrängung die Ereignisse erstmals sichtbar gemacht. In einem Geflecht von zeitgenössischen und historischen Bildern – in das auch Sequenzen des Westerbork-Films eingearbeitet sind – thematisiert Resnais die Schwierigkeiten der Repräsentation, die Notwendigkeit des Erinnerns und Aktualität der Ereignisse und eröffnet, wie auch Lanzmann und Farocki, Lücken und Zwischenräume, um auf das

[44] Bilder ohne Einbildungskraft lassen das Denken erstarren und töten das Vorstellungsvermögen. Lanzmann plädiert daher für die Erzeugung einer Erinnerung an das Geschehene, wie er es in *Shoah* exemplarisch vollzieht, wo er kein einziges Archivbild einfügt, sondern in Gesprächen mit Zeitzeugen und dem Aufsuchen der historischen Orte das Erinnern und die Gegenwärtigkeit des Geschehenen im Hier und Jetzt thematisiert (vgl. Lanzmann, in: Didi-Huberman 2007: 138–139).

Undarstellbare zu verweisen. *Nuit et Brouillard*, in der Öffentlichkeit als Tabubruch wahrgenommen (vgl. Knoch 2003: 97), nimmt Diskussionen vorweg, die bezüglich von Lanzmanns *Shoah* Jahrzehnte später wieder geführt werden und wird als selbstreflexive Bearbeitung rezipiert, die eine neue Form der Thematisierung des Undarstellbaren gefunden hat.[45]

Farocki diskutiert in seinem Film *Aufschub* die Ikonografie eines Bildgedächtnisses der Shoah und kollektive visuelle Erinnerungsformen, die auf der Folie des Gewesenen das Archiv aus einer Gegenwart aktualisieren.[46] Ein Zwischentitel verweist auf die Absenz der Bilder im bestehenden kollektiven Gedächtnis: „Diese Bilder werden kaum je gezeigt – wohl, um ein falsches Bild von den Lagern zu vermeiden" (A: 31'). Das mehrmalige Wiederholen und anhaltende Zeigen der Bilder kann als Versuch gelesen werden, diese Bilder ihrerseits als aktualisierte Erinnerungsbestände zu etablieren. Zu einem Zeitpunkt, in dem der stets aktuelle Erinnerungsdiskurs durch das Aussterben der Zeugen, aber auch durch eine fortlaufende Flut von neuen fiktionalen Verarbeitungen gekennzeichnet ist, hinterfragt Farocki die historischen Bilder und hält gleichzeitig an ihnen fest. Das Bild ist das, was bleibt, was überliefert wird. Es muss als solches ernst genommen werden.

Das Zeigen dieser Bilder markiert aber auch einen Standpunkt, der sich gegen das Zeigen der Ikonen des Grauens richtet. Diese haben durch ihre Einreihung in ein visuelles Narrativ ihr Informations- und Authentizitätspotential verloren. Sie wurden zu Objekten des Nichtwissens. Das Porträt des Roma-Mädchens Settela Steinbach in dem Westerborker Filmfragment ist ein Beispiel für diese Aufladung einzelner Bilder, die, beliebig manipuliert und missbraucht, entfremdet und entwertet wurden. Didi-Huberman (vgl. ebd. 60–63) zeigt an den vier Fotografien aus Auschwitz-Birkenau exemplarisch auf, wie gewisse Bildbearbeitungen das Abgebildete erkennbar werden lassen, um die Bilder vorzuzeigen und zu Ikonen des Entsetzens zu machen. Damit wird das Bild auf seinen Schreckensgehalt reduziert und ihm ein Wissen abverlangt, dass Didi-Huberman in den folgenden Worten ausdrückt: „Wen

---

[45] Lanzmann selbst lehnt laut Didi-Huberman (ebd. 189–190) den Film von Alain Resnais hingegen grundsätzlich ab. Als ein Kinobesitzer vor *Shoah Nuit et Brouillard* programmiert, verweigert Lanzmann die Aufführung seines eigenen Films, den er in keinem Zusammenhang zu Resnais' sehen will. Zu *Nuit et Brouillard* vgl. auch die Studie von Sylvie Lindeperg 2010.

[46] Für eine kritische Diskussion der Aktualisierung des Archivs unter Berücksichtigung der Werke Resnais' und Lanzmanns, vgl. Didi-Huberman 2007.

wundert es, dass angesichts einer solchen Ikone ein Überlebender glauben konnte, hier seine Geliebte wiederzuerkennen?" (ebd. 59). Er spricht damit eine verzweifelte Hoffnung und Erwartungshaltung an, die auch W.G. Sebald in seinem fiktiven Roman *Austerlitz* (2001) thematisiert: Der gleichnamige Protagonist untersucht in diesem Roman auf der Suche nach einem Bild seiner Mutter ein Fragment aus dem Propagandafilm aus Theresienstadt. Anhand dieses Films erhofft sich der Protagonist zu erkennen, wie es in Wirklichkeit war. In einer zwanghaften Suche verfremdet er den Film und versucht, dessen nicht existierende Tiefe zu ergründen. Diese wandelt sich jedoch ins Unheimliche. Die Musik des Films scheint nun aus einer „sozusagen subterranen Welt" zu kommen, aus „schreckensvollen Tiefen [...] in die keine menschliche Stimme jemals hinabgestiegen ist" (Sebald 2001: 356). Auch in der erstellten Zeitlupenkopie können die scheinbaren Zeichen, von denen sich der Protagonist Aufklärung verspricht, nicht entziffert und festhalten werden. Die Bilder zerfallen, sie werden zu einem Flimmern, zu nicht mehr gegenständlichen Mustern. Die verfremdeten Bilder scheinen dem Sachverhalt jedoch angemessener als die absurde Verharmlosung, die der als Dokumentarfilm indexierte Film vollbringt. In diesem Roman verweist der Phantomcharakter des Films auf die Undarstellbarkeit des Geschehenen und die Unmöglichkeit, die Mutter in einem Bild wiederzufinden. Mit den Ikonen des Entsetzens soll etwas sichtbar gemacht werden, was nie sichtbar werden kann. Dies ist es, was Lanzmann anprangert: Das Geschehen soll in einem einzigen Bild vollständig sichtbar und anwesend, vorstellbar werden. Wie Brink den erstmaligen Einsatz solcher Bilder durch die Alliierten als gescheitert beurteilt, so konstatiert auch Paech (2003: 24) durch die wiederholte Vorführung einen Verlust an Aufrichtigkeit bei den zu Stereotypen verkommenen „Bilder des Grauens"[47]. So bearbeitete und ihrem Kontext entrissene Bilder, werden dabei für einen bestimmten diskursiven Standpunkt missbraucht. Exemplarisch steht dafür das bei Farocki gezeigte Bild von Settela Steinbach:

[47] Paech (2003: 23f.) spricht hier nicht nur von Shoah-Bildern, sondern allgemein von Bilderserien der Katastrophen und gewaltvollen Ereignissen des 20. Jahrhunderts – über die zwei Weltkriege, die Shoah bis zu 9/11. Diese haben durch ihre Wiederholung in „stereotyper Regelmässigkeit" längst ihre Wirkung und ihre Möglichkeit des Authentizitätsversprechens verloren (ebd. 24). Er beobachtet eine Entwicklung, die neue Ereignisse, die die Grenze des Vorstellbaren und Verstehens übersteigen, in eine Analogie zu vergangenen bringt, was zwar die Hoffnung auf ein tieferes Verständnis nicht erfüllt, die Bilder aber in eine Ordnung bereits bekannter Katastrophenbilder und ihrer Diskurse einreiht.

Scenes from the film [hier ist vom Filmfragment, nicht von Farockis Film die Rede, Anm.] appear frequently in Shoah-related documentaries. One particularly haunting image from the film, that of a 9 year-old girl staring from the doorway of a cattle wagon, has become synonymous with the Holocaust. The girl, who was in fact not Jewish, but Roma, was named Settela Steinbach. She perished in Auschwitz-Birkenau.[48]

Bild-Ikonen: das Bild der Settela Steinbach

Viele der Aufnahmen des Westerbork-Films wurden in anderen Dokumentarfilmen eingesetzt. So etwa in *Nuit et Brouillard,* die Datenbank des Projekts *Cinematographie des Holocaust* nennt weitere Titel.[49] Ein berühmtes Bild ist das Porträt des Mädchens Settela Steinbach – eine der wenigen Porträtaufnahmen des Films –, das durch den berührenden Blick des jungen Mädchens verstört. Auch Farocki scheint das Bild zu einer Ikone des Entsetzens zu machen, wenn er notiert: „In dem Gesicht des Mädchens lässt sich Todesangst oder Todesahnung lesen" (A: 35). Settela Steinbach, deren Abbildung ikonischen Charakter erhielt und zum Symbol der Vernichtung der Juden wurde, war selbst keine Jüdin, sondern eine Roma, die mit hunderten anderen Angehörigen dieser Volksgruppe in dem von Breslauer gefilmten Zug deportiert und später umgebracht wurde.[50] Mit diesem Bild von Settela Steinbach wird deutlich, wie Bilder durch äussere Zuschreibungen zu Ereignis-Aussagen gemacht werden, ohne diese Aussage tatsächlich belegen zu können. Exemplarisch verweist die Aufnahme auf den Einsatz und die Funktion von Erinnerungsbildern, die vorgeben, was und wie erinnert werden soll, aber hier nun offenlegen, welche Verschiebungen und Verfälschungen dabei entstehen. Während Settela Steinbachs Bild als Synonym für die Judenverfolgung und -vernichtung in die Geschichte einging, verschwieg man gleichzeitig die Verfolgung und Ermordung zahlreicher Sinti und Roma. Damit versinnbildlicht diese Porträtaufnahme und deren Rezeptionsgeschichte die Nichtaufarbeitung des Genozids an dieser Volksgruppe. Durch den Verzicht auf die Erwähnung des geschichtlichen Kontextes tritt Farocki grundsätzlich mit der gleichen Erwartung an das Bild heran, die er selbst kritisch

---

[48] Westerbork, in: http://www.Holocaustresearchproject.org/othercamps/westerbork.html [16.11.2016].

[49] Derzeit in Konstruktion http://www.cine-holocaust.de/ [16.11.2016].

[50] Westerbork, in: http://www.Holocaustresearchproject.org/othercamps/westerbork.html [16.11.2016].

diskutiert, denn *das* ist das Bild, das wir aus einem nationalsozialistischen Lager erwarten. Wenn die Verstörung im Gesicht des jungen Mädchens als Todesahnung gelesen wird, so wird das Bild als Dokument zementiert, das die Vernichtung der Juden sowie der Sinti und Roma auf eine emphatische Weise bezeugen soll. Im folgenden Titel gibt Farocki seiner eigenen Verstörung über die Harmlosigkeit des Abgebildeten, der Unscheinbarkeit und Alltäglichkeit der verwendeten Filmbilder Ausdruck, wenn er anmerkt: „Ich denke, der Kameramann Rudolf Breslauer hat deshalb weitere Grossaufnahmen vermieden" (A: 35). In diesem Sinn markiert er die Todesahnung in dem Gesicht des Mädchens als Resultat seiner eigenen Lektüre und weniger als dokumentarische Tatsache.[51] Durch die Thematisierung der Deportation der Sinti und Roma in einem weiteren Zwischentitel, erhält der Zuschauer einen Verweis auf die Vernichtung dieser Volksgruppe und auf die historischen Zusammenhänge (vgl. A: 36). Denn das Bild von Settela Steinbach wird erst dann zum Monument, wenn seine Geschichte und sein unterschiedlicher Einsatz als visuelles Zeugnis mitthematisiert werden und es, im Sinne einer dialektischen Annäherung, sowohl das Schicksal dieses Mädchens als auch den politisch und ideologisch bestimmten Erinnerungsdiskurs bezeugt, von dem es historisch nicht mehr zu lösen ist.

---

[51] Auch Ehmann (2011: 100) verweist auf die in *Aufschub* nur in diesem Satz vorkommende Verwendung von „Ich". Sie interpretiert es mit Bezug auf Barthes als ein punctum des Films und als eine Ehrung des Kameramanns. Damit durchbricht Farocki eine rein symbolische oder illustrative Verwendung der Bilder, die letztlich zum Wegschauen verleitet.

4 Differentielle Spuren: *Passagen*

4.1 Vom Dokumentarischen ins Imaginäre: Fragmentierung und assoziative Montage

In *Passagen* bearbeitet Lisl Ponger vorgefundene Normal 8- und Super 8-Filmbilder privater Herkunft. Die Aufnahmen dieser touristischen Filme aus den 1950er Jahren und später, die Ponger zu Fragmenten zerlegt hat, um sie dann assoziativ neu zu montieren, zeigen vorwiegend Reisebilder: Ankünfte, Abfahrten, Fortbewegungsmittel, Städte, Menschen. Die Montage, die wiederum als wichtigstes Bearbeitungsinstrument dient, orientiert sich an Prinzipien der Fragmentierung und Wiederholung. Sie ermöglicht die Neukontextualisierung der Bestände und bestimmt die Lektüre der Bilder. Von Beginn an dekonstruiert Ponger eine narrative oder beschreibende Montage und etabliert dafür ein Spiel mit Perspektiven und Blickstrukturen. Wenn auf das Bild einer filmenden Schiffspassagierin die Aufnahme eines Schiffsdecks und eine weitere Aufnahme mit winkenden Menschen auf einem anderen Reling folgen, scheinen diese Einstellungen die Perspektive der filmenden Frau wiederzugeben (P: 1). Darauf montiert Ponger jedoch eine Sequenz von Küsten und Häfen, die sich offensichtlich an verschiedenen Orten befinden. Wenn nun erneut die Aufnahme der filmenden Frau – deren Bild noch mehrmals zu sehen sein wird – erscheint und weitere Blickperspektiven derselben, so wird nun deutlich, dass diese nur suggeriert werden und nicht den tatsächlichen *point-of-view* der Filmenden wiedergeben. Vielmehr sind es ursprünglich nicht zusammengehörende Bilder verschiedener Räume und Zeiten, die hier motivisch verknüpft werden. Einige Sequenzen scheinen so nach bestimmten Motiven assoziativ montiert – Märkte (P: 2), Strassen (P: 1), Menschenansammlungen (P: 3). Im Allgemeinen unterliegen die Reihungen keinerlei Zusammenhängen, sondern die Bilder zerfallen in einzelne Bruchstücke. Wenn sich auch der vormalige Zustand dieser privaten Reisefilme in ihrer spezifischen Form als Erinnerungsberichte und Familienfilme, wie es Blümlinger (2003: 85) in ihrer Analyse dreier Bearbeitungen solcher Bestände ausführt, bereits als diskontinuierlich und von Zufälligkeit geprägt zeigten, so bleiben bei Ponger nun nur noch Fragmente zurück, die in neue Zusammenhänge eingefügt werden.

Zeitgleich mit dem Erscheinen dieser stummen Super 8-Bilder setzen auf der Tonspur Reiseerzählungen verschiedener ortloser Stimmen ein, die ebenfalls nur fragmentarisch präsentiert werden. Die ‚Ruinen' der Reisefilme und die bruchstückhaften Berichte auf der Tonspur scheinen sich auf den ersten Blick zu ergänzen. Erst nach und nach stellt sich heraus, dass die Erzählungen nicht von touristischen Reisen berichten, sondern von traumatischen Flucht- und Exilerfahrungen. Damit entsteht eine rätselhafte Kluft zwischen Bild und Ton, die nicht verdeutlicht und nicht erklärt wird. Die Tonspur nimmt keinen Bezug auf die Bilder, Korrespondenzen zeigen sich nur zufällig und minimal. Diese Kollisionsmontage gegensätzlicher Elemente erzeugt im Zusammenstoss von Bild und Ton neue Bedeutungen: „Die Bilder stossen aufeinander, damit die Worte zum Vorschein kommen können, die Worte stossen aufeinander, damit die Bilder zum Vorschein kommen können, Bilder und Worte kollidieren miteinander, damit das Denken seinen Ort im Visuellen hat" (Didi-Huberman 2007: 198). Die Differenz der zwei gegensätzlichen Elemente erzeugt einen Zwischenraum, der darüber nachdenken lässt, was das Aufeinanderprallen dieser Elemente eigentlich impliziert. Neben dem Einsatz der Kollisionsmontage arbeitet Ponger auch mit einer Montage der Schichtung. Das Bild der filmenden Frau etwa, wird nicht in einen kontinuierlichen Ablauf oder eine bestimmte Erzählung eingeordnet, es erscheint wieder, jedoch in einem Kontext, der sich durch die Berichte der Fluchterfahrungen verschoben hat. In die scheinbar unberührten und unschuldigen Bilder lagern sich die persönlichen Erzählungen und Erfahrungsberichte von Exil und Flucht ab. Diese Schichten zeigen sich nur auf der Ebene des Denkens als imaginäre Schichtungen, sie verändern jedoch auf zentrale Weise die Bedeutungen der Bilder. Wenn die Bilder zu Beginn für einen Zuschauer noch als auf die sinnliche Wahrnehmung bedachte Erinnerungsbilder funktionieren können und Projektionsflächen für eigene Erinnerungen sind, so verändern die Berichte der traumatischen Erlebnisse auch den Blick auf die Bilder selbst, die ihre Unschuld verlieren.

Die Montagestrategien verfolgen ein elliptisches sowie zirkuläres Prinzip und sind keiner kausalen Abfolge untergeordnet. Die Erzählungen und die Reisefilme hat Ponger ihrer ursprünglichen Form entledigt und wieder zusammengefügt. Mit der Zerlegung ursprünglich ganzer Elemente in Bruchstücke und deren Neukontextualisierung durch die Montage zeigt Ponger historische Zusammenhänge auf. Die einzelnen Elemente werden elliptisch und zyklisch zu verschiedene Motiven und Thematiken verknüpft. Sie bilden eine fragmentarische Geschichte des 20. Jahrhunderts, eine Geschichte von Flucht, Exil und Migration, Reise und Wohlstand.

Dabei wird die Zusammenfügung der sprachlichen Erzählungen und der Bilder zu einer vollständigen und sinnstiftenden Erzählung unterlassen. Anstelle einer sinnstiftenden Organisation der Erfahrungen durch Kohärenz und Geschlossenheit fliessen assoziative Verflechtungen, Verrätselungen sowie unheimliche und melancholische Momente mit ein. Die potentielle Eigenschaft der Bilder als identitätsstiftende mediale Objektivationen zu fungieren, wird dekonstruiert und sie werden in ein zyklisches und melancholisches Geschichtsverständnis übertragen.

Ort- und zeitenthobene Bilder

Obwohl sowohl auf der Bild- als auch auf der Tonebene (deren Sprechern die Regisseurin im Abspann dankt) dokumentarisches Material als Ausgangspunkt dient, ist dieses durch die Montage derart aufgesplittert, dass es kaum mehr als Dokument mit einer direkten ausserfilmischen Referenz fungiert. Vielmehr werden die Bild- und Erzählfragmente verschiedener Räume und Zeiten einer eindeutigen Lokalisierung entrissen. Kein historisches Ereignis wird rekonstruiert, sondern es werden historische Zusammenhänge aufgezeigt. Die fragmentarische Bearbeitung unterläuft Geschlossenheit und Kohärenz und hebt die ausserfilmische Referenz auf. Durch die Verfremdung anhand der Montage verweisen die Bilder nicht mehr auf einen scheinbar realen Schauplatz, vielmehr zeichnen sie, nun ort- und zeitenthoben, zusammen mit den Erinnerungsmomenten der Tonspur ein imaginäres Bild. Diese Bewegung vom Dokumentarischen ins Imaginäre bezeichnet Ponger selbst als grundlegendes Moment ihrer Arbeit:

> Ich glaube, dass mein Blick zwar dokumentarisch ist, aber er löst bei mir vor allem das Assoziieren von Bildern aus. Die Verfremdung oder Zerstörung von Bildern, das könnte ich gar nicht und wollte ich nicht. Es geht mir schon um dieses sinnliche Erlebnis der Wirklichkeit [...]. Wie das alles dann montiert ist, zu illusionären Räumen verflochten, das ist von Film zu Film sehr unterschiedlich (Horwath/Ponger 1995: 226).

Trotz der Dekonstruktion des Bildes hinsichtlich seiner Funktion als historisches Dokument oder als subjektives Erinnerungsbild, wird das Bild selbst in Pongers Arbeiten nicht zerstört. Die warme und nostalgische Super 8-Ästhetik bleibt auch in *Passagen* bestehen. Das sinnliche Erleben des Betrachters und das illusionäre Eintauchen in andere Welten als konstitutive Grundelemente des Filmes bleiben bestehen und werden mit einer konzeptuellen und abstrakten Bearbeitung kontrastiert. So wird der Wahrheitsanspruch, der sich oft sowohl an die filmische als auch an die fotografische Abbildung stellt, durchbrochen, ohne den Film selbst und dessen faszinierende Vergegenwärtigung einer vormaligen oder einer anderen Realität in der Projektion zu zerstören oder aufzulösen.[52]

Das Erscheinen von etwas vormalig Existierendem verweist in *Passagen* nicht länger auf eine bestimmte ausserfilmische Realität, einen realen Raum oder eine reale Zeit. Obwohl Ponger vom Dokumentarischen ausgeht, erfolgt keine erläuternde Darstellung eines bestimmten Sachverhalts, sondern eine komplexe Collage von Bildern und Tönen. Die Spuren der Räume, welche die Reisenden in ihren Aufnahmen bewahrt haben, sind zwar noch erkennbar. Sie werden jedoch durch die Montage ins Imaginäre verschoben, womit sich der Fokus des Betrachters auf das Erscheinende und dessen Zusammenhänge verlagert. Der abgebildete Schauplatz ist niemals mehr „die Spur dessen, was einmal ‚gewesen ist', dessen, was sich an einem historischen Ort ereignet hat, sondern vielmehr ein mentales Bild von Spuren individueller Erfahrungen" (Blümlinger 2003: 95). Der neue Bezug dieser Bilder zeigt sich nur noch im Bereich des Nichtsichtbaren und des Denkens. Der potentielle Dokumentcharakter der Bilder ist aufgehoben. Diese stehen nicht mehr als Spur eines Ereignisses oder einer subjektiven Erinnerung, sondern höchstens noch als Spur der Aufzeichnung und stellen so im „Zusammenhang mit dem Problem der Konstruktion von Geschichte aus gefundenen Filmen [...] eine ästhetische Position dar, die an die figurative Darstellbarkeit der Ereignisse rührt" (ebd. 94).

Mit ihren Bearbeitungsstrategien dekonstruiert Ponger auch zu Konventionen erstarrte Darstellungsweisen des Dokumentarfilms. Der Text der Tonspur erklärt im Dokumentarfilm üblicherweise die Bilder – eine allwissende *Voice-of-God* – und schafft damit eine „Übermacht" des Tons, der das Nicht-Eindeutige der Bilder vermindert, indem die Bedeutungen der Bilder für den Zuschauer auf bestimmte Aussagen hin gelesen werden, die andere Lesarten verhindern. Ponger belässt das

---

[52] Anders als etwa in dem bereits zitierten Roman W.G. Sebalds, wo die dokumentarischen Filmbilder des Theresienstädter Fragments, vom Protagonisten bis zur Unkenntlichkeit bearbeitet, sich in Flimmern und unentzifferbare Zeichen auflösen, und wo das Bild, da es niemals umfassende Repräsentation einer traumatischen Erinnerung sein kann, vollständig zerstört werden muss, thematisiert Ponger die Unmöglichkeit der Repräsentation nicht mit einer Auflösung jeglicher Abbildbarkeit. Die Dekonstruktion dokumentarischer Abbildungsweisen erfolgt unter Beibehaltung der verführerischen Kraft und Wirkung der Bilder und weist so über eine reine Negation der Möglichkeiten der Darstellung und des Repräsentierens hinaus.

Bild in seiner eigentümlichen Erscheinung als gleichzeitig bestechend, aber auch unbestimmt, in seinem imaginativen Übergewicht. Dass der Ton die Bilder nicht erklärt, ist somit auch ein Zugeständnis an deren spezifischen stummen und selbstreferentiellen Bildcharakter.

Objekt-Aussagen

Blümlinger (ebd. 96) beobachtet in *Passagen* weder eine Dimension des Dokumentes noch des Monumentes, sondern nur noch einen figurativen Eigenwert, „der die Schwierigkeit widerhallen lässt, Spuren oder individuelle Zeugenschaften filmisch zu repräsentieren, sobald es sich um traumatisch erlebte Ereignisse handelt". Da der konkrete Bezug zur Welt aufgehoben ist, haben die Bilder keine Ereignis-Aussage mehr, sie werden nicht „benannt und lokalisiert" (ebd. 95). Im Gegensatz zu Blümlinger beobachte ich hingegen auf der Ton- und Bildebene Dimensionen des Monumentes. Die Werke Pongers zeichnen sich durch ein Bewusstsein für historische und politische Zusammenhänge aus und setzen sich intensiv mit Erscheinungsformen auseinander, indem sie auf Entstehungskontexte, Implikationen und ursprüngliche Bedeutungen rekurrieren (vgl. Hochleitner 2007: 36).[53] Über den Topos der Nichtdarstellbarkeit hinausweisend, untersucht Ponger in *Passagen* Implikationen des Reisefilms. Sie thematisiert nicht nur die Unmöglichkeit der traumatischen Repräsentation, sondern auch die imaginären Komponenten jedes Abbildens und ihre eigene Rolle als Künstlerin, die es ihr ermöglicht, selbst Bilder und Darstellungen eines bestimmten Objektes zu schaffen, deren Blickwinkel und Perspektive jedoch immer bereits vorgeformt ist – expliziter formuliert Ponger dies in *Phantom Fremdes Wien*.[54]

---

[53] Vgl. den Ausstellungskatalog von Martin Hochleitner (*Lisl Ponger. Foto- und Filmarbeiten. Photos and Films.* 2007). Darin sind Fotografien Pongers abgebildet, auf die ich im Folgenden verweise.

[54] In *Phantom Fremdes Wien* (2004) arbeitet die Regisseurin mit selbst aufgenommenen Bildern, die sie längere Zeit nicht verwendet hat. Wie in *Passagen* werden sie durch die Tonspur distanziert. Sie montiert über die Bilder von zahlreichen festlichen Anlässen von Menschen aus unterschiedlichen Ethnien in Wien einen Text, in dem sie die eigene assoziative Montage thematisiert und reflektiert. Wie auch in *Passagen* löst sich diese Tonspur, auch wenn sie hier direkt Bezug auf die Bilder nimmt, vom Abgebildeten und verlagert den Fokus auf das Bild selbst, welches nun nicht mehr als Spiegel zur Welt, sondern als Welt selbst erscheint. Somit ist *Phantom Fremdes Wien* nicht mehr eine Dokumentation des Fremden, sondern eine Reflexion des eigenen Blicks und der Konstruktion des Betrachtetens durch diesen Blick.

Bezüglich der Bilder zeigen sich also durchaus Objekt-Aussagen, die, wie ich später ausführe, auf die Ästhetik des Reisefilms verweisen. Daneben gewinnt durch das radikale Infragestellen der Bilder der Ton an Bedeutung und korreliert ebenbürtig mit dem Bild. Durch die unvollständigen Erzählungen werden nicht vollendete, abgeschlossene Erzählstränge oder Erklärungen geboten, vielmehr bilden sie Erinnerungsfetzen, die sich nicht zu einem Ganzen fügen lassen. Die Berichte erinnern an Formen der *Oral History*, sie sind jedoch viel zu fragmentarisch und rätselhaft, um als Dokumente gelesen zu werden. Die Aufsplittung verhindert eine Betroffenheit des Zuschauers. Die Berichte von tragischen persönlichen Erfahrungen werden nicht wie oft in dokumentarischen Filmen eingesetzt, um durch ein Einzelschicksal historische Zusammenhänge aufzuzeigen und durch Empathie den Zuschauer dafür zu sensibilisieren. Zu heterogen und zu fragmentarisch sind die Geschichten, um sich als „Mikrogeschichte [...] in eine Makrogeschichte zu fügen" (Blümlinger 2003: 94). Damit lässt sich jedoch in Bezug auf die Erzählmomente eine Dimension des Monumentes erkennen. Die Fragmentierung der Erzählungen bewirkt eine Verschiebung des Fokusses auf den Modus der Erzählung, auf den Ton, die Stimme, die Wortwahl und damit auch auf Strukturen der Erinnerung. Die irritierende Art und Weise des Ausdrucks, die Beschreibung der traumatischen Erlebnisse mit banalen, alltäglichen Worten, das Berichten nicht des Schrecklichen, Unsagbaren, sondern des Normalen, scheinbar Unbeschwerten tritt nun viel stärker hervor. Zu Beginn sind es nur kleine Hinweise, die irritieren, die innehalten lassen und darauf verweisen, dass es sich bei den Erzählungen nicht um touristische Reisen handelt. So etwa wenn eine Frau erzählt: „Und dann sind wir in Casablanca angekommen und entladen worden und [Pause] und in Casablanca war ein anderes Schiff, ein grösseres Schiff und das war ein weisses Schiff [unverständlich] frisch angemalt und das hat Sant' Tomé geheissen, also der heilige Thomas und war ein, ein [Räuspern] portugiesischer Bananenfrachter" (P: 1). Während die Erinnernde von einer touristischen Schiffsreise zu erzählen scheint, sind es die kleinen Details, der Begriff „entladen worden", der „Bananenfrachter", die irritieren und darauf verweisen, dass hier nicht von einer sorgenlosen Ferienreise die Rede ist. Die Erzählung der traumatischen Erlebnisse bleibt aus. Vielmehr sind es Erinnerungsmomente, die nur andeuten, dass sich dahinter Erfahrungen verbergen, die nicht einfach erzählt und nachempfunden werden können. In ihrer spezifischen

Erscheinung manifestiert sich in diesen Textfragmenten die Schwierigkeit des Erinnerns und Erzählens von traumatischen Erfahrungen.

Strukturen der Erinnerung nimmt Ponger ebenfalls auf, wenn sich in einem Wort – „Nauders" – die Erfahrung der Flucht kristallisiert.[55] Hier zeigt sich eine Annäherung der Sprache an das Bild, denn sie schafft nicht einen sprachlichen Text, der konkret formuliert und die „Interpretationskraft des Verstandes" aktiviert, sondern es ist ein suggestiver Ausdruck, der wie das kurze Aufblitzen eines Bildes der „Einprägungskraft des Gedächtnisses" näher steht und eine Erinnerung aktualisiert (Assmann 2003: 227).

Melancholische Orte des Verlusts

Mit rätselhaften Verknüpfungen und einer elliptischen Montage schafft Ponger ein Bewusstsein für die lückenhaften und unvollständigen Momente der filmischen Repräsentation und die Konstruktion von Geschichtsschreibung. Das Wissen um das Nichtsagbare und Nichtsichtbare bleibt im Zusammenstoss der Bilder und Töne präsent. In der Kluft zwischen Bild und Ton, aber auch auf der Ebene der Bildmontage wird ein filmisches Off generiert, das ein nicht darstellbares Außen thematisiert. Der Ursprung der Stimmen ist ortlos geworden, die abgebildeten Räume bleiben bruchstückhaft und imaginär. So verweist das audiovisuell Wahrnehmbare nicht länger auf ein relatives Off, also auf einen weiteren Raum oder weitere Räume, in welche es sich einfügt. Die Inszenierung der Blicke, die das Auge des Betrachters zur Peripherie und zum Außen des Bildes lenken, und die stets fragmentarisch bleibenden Zeit- und Raumstrukturen verhindern eine Geschlossenheit des filmischen Systems und verweisen auf dessen Offenheit und somit auf ein absolutes Off (vgl. Deleuze 1989: 32–35).[56] Die Bruchstücke zeugen von einem grösseren, nicht rekonstruierbaren Außen und bilden eine melancholische Collage, die eine „beunruhigende Präsenz" aufweist (Deleuze 1989: 34). Die Bilder sind nicht länger Bewegungs-Bilder, die im Auftauchen und Verschwinden eine kontemplative Form der Erinnerung gewähren, sondern sie werden zu von Unterbrechungen gezeichneten

---

[55] Ein Mann erzählt von einem Spaziergang durch Wien, auf welchem er ein Paar belauscht, das sagt: „Hier bei Nauders müsste es möglich sein." Nauders ist der Ort, den der Mann darauf hin als Ausgangspunkt für seine Flucht aus dem besetzten Wien wählen wird.

[56] So etwa das Bild der Schiffspassagierin mit Kamera, die, den Betrachtenden den Rücken zugewandt, in die unendliche Weite filmt (P: 1), aber auch die zahlreichen Strassenszenen, die immer nur ein Bruchstück des gefilmten Raumes zeigen (P: 7).

Zeit-Bildern, die eine ständige Konfrontation des Vergangenen mit der Gegenwart evozieren (vgl. Scherer 2001: 74). Die Zeit ist damit nicht länger der Bewegung untergeordnet, denn nun stehen in den Bildern die verschiedenen Ebenen gleichberechtigt nebeneinander. Somit etabliert Ponger eine Struktur, die eine Gleichzeitigkeit der verschiedenen Zeiten propagiert und ein Verständnis von Geschichte entwirft, das ein kontinuierliches Fortschrittsdenken und einen beruhigenden Rückblick auf die Vergangenheit verwirft. Die Montage enthebt die Abbildungen sowohl ihrer potentiellen Funktion als historische Dokumente als auch der Möglichkeit als persönliche, identitätsstiftende Erinnerungsbilder zu fungieren. Sie stehen letztlich nur noch als kollektive negative Erinnerungsbilder. Ponger arbeitet so eine beunruhigende und unheimliche Aktualität heraus, die zwar in den Aufnahmen selbst angelegt zu sein scheint, aber kaum den ursprünglichen Intentionen und Aktualisierungen der Produzenten und früheren Betrachter der Bilder entspricht.

Die Gleichzeitigkeit der Zeiten und die Geschichte als Geschichte der Zerstörung lassen sich melancholisch deuten. Die Melancholie, die nach Böhme (vgl. 2006: 20) heute durch die traumatischen Erfahrungen von Krieg, Zerstörung und Naturkatastrophen ins Zentrum der Gesellschaft gerückt ist, zeugt von einem Zustand des Verlusts. In Anlehnung an Freud, der die Melancholie im Gegensatz zur Trauer als die Nichtüberwindung des Verlustes eines geliebten Objekts definiert, scheint der Film als Inbegriff eines melancholischen Mediums: „So nah uns das Geschehen auf der Leinwand auch das Begehrte bringen mag, so bleibt es doch zugleich imaginär entrückt“ (Frölich/Gronenborn/Visarius 2006: 8).[57]

Mit seinen geschichtsphilosophischen Schriften hat Walter Benjamin das Verständnis der Melancholie massgeblich geprägt. Wie dem Engel in dem berühmten Bild *Angelus Novus* von Paul Klee, den Benjamin (1974: 697–698) als

---

[57] Die Melancholie hat in ihrer Begriffsgeschichte verschiedene Deutungen erfahren und erscheint sowohl in frühen Diskursen der Medizin und Psychologie als auch diverser Künste. Als Temperament des Schwermuts und des Trübsinns wird sie in der Säftelehre der schwarzen Galle zugeordnet, im Mittelalter jedoch auch als Veranlagung aussergewöhnlich begabter Menschen tradiert. Damit wird sie einerseits als Krankheit bestimmt, befähigt aber auch zu aussergewöhnlichen Leistungen. Während die Melancholie in der Psychologie heute mehrheitlich durch den Begriff der Depression ersetzt wurde, ist sie in den Künsten über die „Epochen hinweg Thema und Motiv“ und bezeichnet nach Scherer (2005: 524–529, hier 526) neben einer Kondition des subjektiven Bewusstseins auch eine philosophische Haltung angesichts des Zustands der Welt und eine Reflexion ästhetischer Darstellungsweisen.

„Engel der Geschichte“ beschreibt, zeigt sich dem Melancholiker die Geschichte als eine Geschichte der Zerstörung. Die melancholische Grundstimmung impliziert ein pessimistisches Geschichtsverständnis, das den „Zustand der Welt und mit ihr des Menschen [...] in einem permanenten Krisenzustand“ begreift und Geschichte nicht als eine „Geschichte des Fortschritts, des Wandels hin zum Besseren“, sondern als Geschichte einer permanenten Gefährdung versteht (Scherer 2006: 66). Bezüglich der Literatur des 20. Jahrhunderts konstatiert Scherer (2005: 528), dass das Thema der Melancholie weiterhin aktuell bleibt, denn soziale „und weltpolitische Spannungen, erster und zweiter Weltkrieg bestätigen die Ansicht des melancholischen Bewusstseins, dem die Geschichte eine Geschichte der Katastrophen ist“. Der Zivilisationsprozess erscheint nicht länger als Fortschritt, sondern als Zerfall. In diesem Sinn stehen die in *Passagen* wiederholt gezeigten Fortbewegungsmittel wie Schiffe, Flugzeuge oder Autos auch metaphorisch für den technischen Fortschritt der Moderne, der seine Versprechen nicht eingelöst hat. Denn die „Konjunktur der Melancholie geht einher mit dem verlorenen Glauben an den Fortschritt der Wissenschaften und der Technik“ (Frölich/Gronenborn/Visarius 2006: 7). Auch mit den diskontinuierlichen und fragmentarischen Darstellungsmodi werden Rationalisierung- und Strukturierungsbestrebungen eines vernünftigen und aufgeklärten Zeitalters verneint. Diese Modi knüpfen vielmehr an die Ruine und das Fragment[58] als eigentliche Orte des Melancholikers an und werden so dessen Bewusstsein der Bruchstückhaftigkeit und der Leerstellen des eigenen Schaffens gerecht (vgl. Scherer 2005: 529).[59]

---

[58] Nach Scherer (2006: 66) gehören das Fragment und die Ruine auch heute noch zur Ikonografie der Melancholie. Sie versinnbildlichen das Wissen des Melancholikers, dass nichts Bestand hat und die Zerstörung dem noch Bestehenden bereits eingeschrieben ist. Im Fragment und der Ruine zeigt sich die Spur einer nicht mehr existierenden Vergangenheit, die melancholisch betrauert wird, aber auch das Wissen um Zerfall, Vergänglichkeit und den eigenen Tod.

[59] Auch die Verweigerung einer kontinuierlichen Zeitabfolge deutet auf ein als zerstörerisch empfundenes Verständnis der Strukturierungsbestrebung der Moderne hin. Denn – wie es W.G. Sebald (2003: 22) in *Austerlitz* seinem reisenden Protagonisten in den Mund legt – beherrscht „erst seit der um die Mitte des 19. Jahrhunderts erfolgten Gleichschaltung [...] die Zeit unbestrittenermassen die Welt [...]. Freilich [...] hat das Verhältnis von Raum und Zeit, so wie man es beim Reisen erfährt, bis auf den heutigen Tag etwas Illusionistisches und Illusionäres“. Der zutiefst melancholisch gestimmte Protagonist spricht diese Worte in Greenwich und verweist mit diesem Ort auf den schnellen technologischen und industriellen Fortschritt im Europa des 19. Jahrhunderts. Die Standardisierung der Zeit erscheint im Roman als *das* Symbol

Die Durchdringung der Geschichte und Gegenwart im Raum nimmt der Melancholiker besonders deutlich wahr. Deren Spuren „sind im Raum ablesbar, an der Ordnung der Dinge, an den Landschaften“ (Scherer 2006: 66). Die Erzählungen bei Ponger knüpfen an Orte an und versehen eine imaginäre Landkarte mit Markierungen, die sich verbinden und überlagern, und eine Topographie der Erinnerung erstellen. Ponger verweist damit auf die Wichtigkeit der Orte als „kulturelle Erinnerungsräume“, denen zwar „kein immanentes Gedächtnis innewohnt“, sie können jedoch für das Subjekt Anlass zur Erinnerung sein (Assmann 2003: 299). Die Anwesenheit der bereisten und gefilmten Orte – ursprünglich wohl mit einer positiven Erinnerung besetzt – ersetzt die Abwesenheit traumatischer Orte, die sich weder erzählen noch abbilden lassen (vgl. ebd. 329). Wie Blümlinger (2003: 95) in ihrer aufschlussreichen Lektüre kurz andeutet, weist Pongers Montage darauf hin, dass in den friedvollen Bildern die Spur einer schmerzvollen Erfahrung eingeschrieben scheint. Somit entwickeln sich hier die scheinbar unberührten Schauplätze durch die Kontrastierung mit den Tonfragmenten zu geschichtsträchtigen Orten der Zerstörung und des Verlusts. Erst durch die Montage wird diese Einschreibung jedoch sichtbar, ganz im Sinne Didi-Hubermans (2007: 196), denn was „man nicht sehen kann, muss man also *zu einer Montage machen*, um die Differenzen, die einige lückenhafte visuelle Monaden voneinander trennen, so gut es eben geht zu *denken* zu geben“.

4.2 Das Imaginäre im Dokumentarischen

Was Blümlinger (2003: 89–93) bezüglich der Arbeit von Yervant Gianikian und Angela Ricci Lucchi konstatiert, gilt auch für Ponger. Wie die beiden Erstgenannten untersucht Ponger in *Passagen* die Ikonografie und Ästhetik des privaten Reisefilms und macht damit Aufzeichnungskonventionen sichtbar. Das Aufgreifen von bestimmtem Material impliziert eine Reflexion desselben, auch wenn die Auswahl, wie es viele Found-Footage-Filmer gerne betonen, dem Zufall geschuldet ist. In neuen Konstellationen stellen kritische Bearbeitungen die ideologischen, politischen oder gesellschaftlichen Einschreibungen der filmischen

der Moderne, das eine Klassifizierung, Einteilung und Rationalisierung der Welt verkörpert, dessen Fortschrittsgehalt vom Protagonisten jedoch bezweifelt wird.

Überreste, die als Ausdruck bestimmter diskursiver Praktiken und Denkweisen gelesen werden, mit den Bildern selbst aus. Das von Ponger angeeignete private und scheinbar wertlose Material überführt die Montage und die Bild-/Tonmontage in einen zuvor nicht sichtbaren Kontext von diskursiven und historischen Verstrickungen, und die Fragmentierung und assoziative Neuarrangierung streichen Implikationen des Materials heraus. Das Aufgreifen von privatem und ephemerem Material – Bilder eines kommunikativen Gedächtnisses, die sonst kaum in Objektivationen übergingen und damit in den Bereich des ,Wertvollen' überführt würden – formuliert dabei weniger ein Verständnis des Films als Kunst denn als kulturelles Gut und kulturelle Praxis. Damit zeigt sich ein Geschichtsverständnis im Sinne Walter Benjamins, das sich dem Vergänglichen und Unwichtigen, dem Abfall zuwendet (vgl. Benjamin 1974: 694). In diesem scheinbar Unwichtigen manifestiert sich das Selbstverständnis einer Kultur. Ponger benutzt Material, das ehemals Teil des gelebten Gedächtnisses einer Gruppe war. Diese Familien- und Reisefilme, die als Anlass zum Gespräch über eine gemeinsame Vergangenheit in einem privaten Kreis der Bildung eines kommunikativen Gedächtnisses dienten (vgl. Erll 2004: 10), werden durch die Neukontextualisierung in Bilder eines kollektiven Gedächtnisses transformiert. Mit der Verwendung dieser privaten Filme verweist Ponger auf einen bestimmten Modus der Welterkundung. Sie verdeutlicht dessen Aufzeichnungsstrategien, indem sie typische Motive wie Sehenswürdigkeiten, Stimmungsbilder oder Menschenansammlungen herausarbeitet (P: 2, 4, 5, 9). Dazwischen wird die Thematisierung des Blickes eingeflochten. Das Winken in die Kamera, die Aufnahme von Kindern, die sich ins Bild drängen, während die Kamera eigentlich auf etwas Anderes fokussiert, oder ungewöhnliche Kameraperspektiven und Bildausschnitte, bedingt durch die zufällige Position des Filmenden verdeutlichen charakteristische Aufzeichnungskonventionen des privaten Reisefilms (P: 1, 3, 4, 5). Solche Einstellungen, vor allem aber auch das wiederholte Zeigen der Kamera und des Filmens thematisieren den Akt des Sehens und des Aufzeichnens und damit auch den voyeuristischen Blick der Filmenden (P: 1, 5). Durch das Aufzeigen, wie zu einem bestimmten Zeitpunkt filmisch aufgezeichnet wurde, werden die Bilder zu Monumenten, „die weniger auf ein Ereignis als vielmehr auf die Bedingung ihrer Aufnahme und auf ihr Erscheinungsfeld" verweisen (Blümlinger 2003: 92). Die in diesen privaten Reisefilmen erscheinenden Modi einer Aneignung der Welt können durch die fehlende narrative oder beschreibende

Einbettung und den Verlust ihrer ausserfilmischen Referenz hervortreten. Der Sinn des Erscheinenden wird nicht auf eine vorfilmische Bedeutung festgelegt, sondern die Bilder verweisen selbstreferentiell auf ihren Status als Bilder. Diese erschaffen Objekte im Akt ihrer Erstellung.

Implikationen des Reisefilms

Die Reisebilder stehen für eine Form, in der Medium und Motiv gewisse Analogien aufweisen, denn beides sind Aktivitäten der Bewegung. In ihrer Betrachtung einiger frühen Reisefilme und einer experimentellen Bearbeitung im Beispiel *Dal Polo all'equatore*, ebenfalls von Gianikian/Ricci Lucchi, verweist Deeken (vgl. 2007: 47) darauf, dass das Filmische die dem Reisen adäquate Ausdrucksform zu sein scheint, die den Prozess des Unterwegseins visuell reproduziert und simuliert. Der Reisefilm, der als eine der wenigen Filmformen, zu dem Professionelle, Semiprofessionelle und Amateure gleichermassen beitragen, in seiner Vielfalt kaum als Genre verstanden werden kann, ist bereits in seinen Anfängen durch „eine stattliche Zahl ernst zu nehmender Konkurrenten", namentlich durch die Fotografie und Ansichts- und Postkarten vorgeprägt (ebd. 42, 44).[60] Die bei Ponger reflektierten medialen Darstellungsweisen sind bestimmt von einem touristischen Blick, dessen verklärte Perspektive die Vergangenheit und die Fremde meist nostalgisch mit Idylle und Harmonie gleichsetzen (vgl. Deeken 2007: 44–45). Während der frühe Reisefilm als Ersatz für etwas Erwünschtes, aber nicht für alle Erschwingliches fungiert und hauptsächlich für touristische Reisen wirbt, weniger jedoch andere Fortbewegungsgründe wie etwa Migration anspricht, so kippt dies bei Ponger ins Gegenteil: Die Bilder stehen nun für traumatische Erfahrungen und thematisieren die touristisch postkoloniale Perspektive. Der Reisefilm ist eine Form, in der auf die ästhetische Wirkung der Bilder (in den frühen Reisefilmen hauptsächlich durch Kolorierung und Einfärbung) gesetzt wird (vgl. ebd. 49), die Ponger nicht bricht. Bereits in ihren Anfängen besticht diese Gattung durch Farbigkeit, durch „Lichteffekte, Inspiration und Schönheit der Komposition [um] anhaltende und künstlerische Genüsse auszulösen" (ebd. 49). Damit erscheint der frühe Reisefilm als Inbegriff des filmischen Spektakels, das haptisch überwältigen will. Wie Deeken (ebd. 50) zeigt, wird die farbige Ästhetik bewusst zur Verstärkung

[60] Deren postkoloniale Ikonografie diskutiert Ponger nicht nur in ihren Filmen, sondern auch in ihren fotografischen Selbstporträts (vgl. die Abbildungen in Hochleitner 2007: 94, 95, 97).

der ideologischen Implikationen eingesetzt und soll das der Oberschicht vertraute Bild der Exotik und die Eleganz des touristischen Reisens, zu Beginn des 20. Jahrhunderts ein Privileg dieser Oberschicht, betonen. Die damals verwendeten teuren Anilinfarben verstärken noch die luxuriösen Konnotationen und umso „stärker muss die animierend kräftige Buntheit der Reisefilme gewirkt haben, umso empfänglicher dürfte das Publikum für das Stimmung erzeugende Stilmittel der Farbgebung gewesen sein" (ebd. 50). Bei Ponger ist es die Ästhetik des Super 8-Films, die oft als Inbegriff für das Erinnerungsbild steht und meist mit nostalgischen Erinnerung an die eigene Kindheit und die eigene Vergangenheit verbunden wird, denn bis zur Ablösung durch analoge und digitale Videoformate ist der Super 8-Film das Medium zur Aufzeichnung des Privaten. Dessen visuelle Wirkung bleibt bei Ponger bestehen. Seine Implikationen dekonstruiert sie durch die Gegenüberstellung mit den Fluchterfahrungen und einer diskontinuierlichen fragmentarischen Montage. Historische Modi des Aufzeichnens, Strukturen und Ausdrücke des Mediums können hervortreten, gleichzeitig wird die identitätsstiftende Kraft des Familienfilms dekonstruiert. Nicht länger dienen die Bilder der Evokation einer gemeinsamen Vergangenheit und sie huldigen auch nicht dieser Form des Filmens als Möglichkeit des individuellen Erinnerns. Die einnehmende visuelle Wirkung der Bilder steht in deutlichem Kontrast zu den traumatischen Erlebnissen der Erzählungen. Die identitätsstiftende Komponente der Bilder des kommunikativen Gedächtnisses wendet sich nun ins Unheimliche und Melancholische, das keine beruhigende Vergewisserung mehr aufweist. Anstelle einer positiv konnotierten Vergangenheit tritt eine düstere Geschichte, deren Katastrophen auch scheinbar Unbeteiligte betreffen. In die Bilder selbst scheinen die historischen Ereignisse des 20. Jahrhunderts eingeschrieben zu sein. Ponger und auch die von Deeken (ebd. 59, 60) genannten Filme, etwa Peter Kubelkas *Unsere Afrikareise* (Österreich 1966), offerieren kein „behagliches Zurücklehnen" mehr, sondern die touristische Reise und der Blick auf das Fremde kann mit Lévi-Strauss nichts anderes mehr bedeuten als die Konfrontation mit den unglücklichen Formen unserer eigenen historischen Existenz (vgl. Lévi-Strauss, in ebd. 59). Ponger bringt in ihrer Bearbeitung die Exil- und Migrationsgeschichten in einen Zusammenhang mit touristischen Reisen, denn wer „reist, reist auf den Spuren von Exodus und Diaspora" (Rebhandl 2007: 41). Die assoziative Verknüpfung der verschiedenen Elemente in *Passagen* eröffnet eine Verbindung der antisemitischen Verfolgung des Dritten Reiches mit touristischen

Fahrten der späteren Jahre, aber auch mit Erzählungen von nach Wien emigrierten Menschen. Damit erfolgt eine Andeutung auf Schicksale, die indirekt auch den Zuschauer selbst betreffen. Wie es Ponger auch in anderen Arbeiten anspricht, befinden sich die westeuropäischen Länder heute in einem Zustand globaler Zusammenhänge, „die in vielfacher Hinsicht ‚postkolonial' geprägt sind. Fragen der Migration und des Asyls, der Zuwanderung und der Demographie bewegen alle europäischen Gesellschaften" (ebd. 44).

Die individuellen Erfahrungen der Aufzeichnenden stehen unvermittelt in einem neuen Kontext, der nach einer Reflexion der eigenen Position verlangt. Damit ist auch die Position der Künstlerin angesprochen, deren nicht aufzulösenden Verstrickungen in gesellschaftliche und politische Diskurse in ihren Selbstporträts aufscheint, wenn Ponger sich selbst als Safari-Reisende inszeniert.[61]

Die Erzeugung der Bilder

In ihren Ausführungen zur Melancholie weist Scherer (2006: 68) darauf hin, dass diese eine Reflexion des eigenen Schaffens und des medialen Ausdrucks impliziert: „In ihrer ästhetischen Funktion ist Melancholie eine Form der Reflexion oder Autoreflexion künstlerischer Verfahrensweisen bzw. medialer Eigenschaften und ästhetisch-kontemplativer Wahrnehmung." Gerade in der modernen Literatur beobachtet sie Autoren, die an „der Bruchstückhaftigkeit des Schreibens, am Ungesagten, und, in der Folge einer Durchdringung von ästhetischer und ‚realer' Existenz, an einer Entwirklichung, Fiktionalisierung des Daseins" leiden (Scherer 2005: 529).

Ein solch melancholisches Wissen um die Unmöglichkeit des Abbildens, das eine Reflexion des eigenen Standpunktes und des Mediums impliziert, zeigt sich auch in *Passagen*. Hier wird nicht, wie in *Aufschub*, diskutiert, wie anhand einer dialektischen Annäherung das Bild lesbar gemacht werden kann. Die Bilder werden zu mentalen Bildern. Durch ihre Verschiebung ins Imaginäre kann der imaginäre Gehalt, der jedes Bild bestimmt, deutlicher hervortreten. Das Bild ist Konstruktion und tötet nach Barthes (vgl. 1985: 19) den porträtierten Körper ab oder erschafft ihn. Die Existenz, die die Fotografie verleiht, ist nur eine metaphorische. Die Fotografie „hat das Subjekt zum Objekt gemacht und sogar, wenn man so sagen kann, zum

---

[61] Vgl. die Abbildung im Ausstellungskatalog (Hochleitner 2007: 94).

Museumsobjekt" (ebd. 21). Damit entwirft Barthes die Fotografie als ein Medium des Todes, durch den Akt des Fotografierens wird das Subjekt Gespenst und ganz und gar Bild und damit der Tod in Person (vgl. ebd. 21, 22). Obwohl die Fotografie auf etwas verweist, was tatsächlich mal da war, überschneiden sich bereits im Akt ihrer Entstehung imaginäre Grössen, die das Bild charakterisieren.[62]

Durch die Transformation von Ereignis- zu Objekt-Aussagen tritt der historische Gehalt der Bilder in den Hintergrund und die Momente und Kontexte der Erstellung, der Entstehung und der Überlieferung können hervortreten. Bilder und Filme sind Konstruktionen der erzeugenden Subjekte. Mit den Reisebildern präsentiert Ponger eine Form, in der die Grenzen zwischen Einbildungskraft und gelebter Erfahrung immer wieder verschwimmen und der Blick des Reisenden weniger vom Bestreben nach Erkenntnis als von der Suche nach Bildern einer kollektiven Imagination geprägt ist (vgl. Hennig 1998: 7–9). Somit überlagern Bilder, die eigenen Vorstellungen und Bedürfnissen entsprechen, die Wirklichkeit. Das Fremde mit seinen Leerstellen, die mit Imagination gefüllt wird, bietet sich an als „Raum der Projektionen" (ebd. 1998: 8). In diesem Sinne könnte man den Reisefilm als eine Urform des imaginären Kinos verstehen, das vom Glauben lebt, wir könnten uns mit dem Bild der Welt bemächtigen:

> Einerseits lebt das Kino [...] von unserem voyeuristischen Blick; genauer vom Glauben, wir könnten uns mit unserem Blick der Welt bemächtigen, sie uns verfügbar machen, weil wir sie in eingerahmte Bilder präsentiert bekommen [...]. Dies ist jedoch nicht nur eine nostalgische Haltung [...], sondern auch eine narzisstische, die eine Blindheit gegenüber der Alterität der Welt kultiviert. Alles ist auf uns, den Betrachtenden, den Geniessenden bezogen. Alles spiegelt uns wieder (Bronfen 2002: 3).

Das Bild selbst ist folglich ein Ort des Verlusts. Das Abgebildete selbst tritt zurück und wird imaginär. Fragen nach der Darstellbarkeit von Ereignissen stellen sich nicht nur bezüglich traumatischer Erlebnisse, sondern in jeder medialen Übertragung. Auch im Kontext anderer Arbeiten Pongers erscheint die Reflexion der medialen Übertragung und Darstellbarkeit, aber auch der Überlieferung und der

---

[62] Barthes (1989: 22) benennt vier imaginäre Grössen, die die Fotografie bestimmen: Das Selbstbild und das Wunschbild des Porträtierten, die Vorstellung des Fotografierenden über das Objekt und das Bestreben des Fotografierenden das Objekt in einem bestimmten Sinne darzustellen.

wirklichkeitskonstituierenden Aspekte filmischer Repräsentation als zentrale und grundlegende Anliegen. Das „Bewusstsein der Künstlerin um den Status des Bildes als Repräsentation von strukturellen Darstellungs- und Gestaltungskonventionen“ bleibt fortlaufend präsent (Hochleitner 2007: 32). Die Reinszenierungen bekannter Fotografien oder Bilder, etwa der Nachstellung der *Melencolia I* von Albrecht Dürer, zeigen Verwicklungen kultureller und ästhetischer Praktiken auf.[63] Das für den Found-Footage-Film so grundlegende Bewusstsein der diskursiven Verkettungen von Bildern wird in diesen Fotografien ebenso deutlich:

> Sie [Lisl Ponger und die Künstlerin Fiona Tan, Anm.] untersuchen Bilder und legen die Zusammenhänge zwischen ihrer Prägung, Wirkung und Wiederholung frei. Sie thematisieren den Umgang mit Bildern ebenso wie ihre Konsequenzen auf die Vorstellung von Geschichte, die durch Fotografie und Film nicht nur dokumentiert und repräsentiert, sondern auch erzeugt wird (ebd.: 33).

Durch die Freilegung von Schichten, durch Kontextualisierungen und assoziative Verweise sensibilisieren diese Werke für die diskursive Vernetzung von Bildern, für bestimmte Ikonografien und deren Wirkungsmacht. Im Sinne Foucaults beschreibt Ponger die Unmöglichkeit, Werke als Einheiten zu verstehen, denn kein Werk kann „durch sich selbst existieren; es steht stets in einem Verhältnis der Anlehnung an oder der Abhängigkeit von anderen; es ist ein Knoten in einem Netz: es umfasst ein System von expliziten oder impliziten Verweisen“ (Foucault 2001: 895).

Die Motive des Sehens und Gesehenwerdens – etwa wenn sich eine junge Frau, von der aufdringlich auf sie gerichteten Kamera abwendet – thematisieren in der Collage Pongers einen postkolonialen und voyeuristischen Blick (P: 2). Dessen Perspektive und Wahrnehmung modelliert das entstehende Bild des Fremden. Das Bild als Objektivierung des Andern erweist sich als eine aus einer (globalen) Machtposition erfolgte Konstruktion, welche die Erschaffung eines Objektes durch Auswahl, Komposition, Anordnung und Überlieferung bestimmt. Die bei Ponger wiederholt thematisierten kulturellen Bildwelten begründen unser Verständnis des Anderen, geben ihm jedoch keine Möglichkeit zur eigenen Artikulation.[64] Die

---

[63] Vgl. die Abbildung in Hochleitner 2007: 59.

[64] Die Auseinandersetzung mit globalen und historischen Zusammenhängen und Formen der Repräsentation durchzieht Pongers Werk, in dem die Verknüpfung von kulturellen, ästhetischen und politischen Diskursen wiederholt aufgegriffen wird. Den westlichen Blick auf das Andere

Fotografie *Wild Places,* welche die in den Unterarm einer Frau eintätowierten Begriffe „~~Missionary~~, ~~mercenary~~, ~~ethnologist~~, ~~tourist~~, artist" zeigt, deuten eine historische Abfolge an. Wie für Tätowierungen gibt es für die „Ereignisse der Geschichte [...] ein ähnliches, allgemeines Motiv der Untilgbarkeit", das auch die Position der Künstlerin selbst und ihre Handlungsmacht betrifft (Mennicke 2007: 11).[65]

Differentielle Spuren

In *Passagen* gibt es kein ‚Ereignisschaffen' mehr. Die ausgelegten Spuren führen einerseits ins Imaginäre und damit zu Leerstellen der Darstellung. Diese können durch die Unmöglichkeit des Abbildens der ‚ganzen' Erfahrungen und Ereignisse nur angedeutet werden. Als Spuren sind die assoziativen Verknüpfungen Pongers an Lektüre gekoppelt. Sie verlangen nach Prozessen der Identifizierung und Deutung, in denen sie zu etwas anderem in Beziehung gesetzt werden. In Anlehnung an Derridas Konzeption der Spur führen Linz/Fehrmann (2005: 90) aus, dass die Spur nie zu einem vermeintlichen Ursprung führt, sondern immer nur zu anderen Spuren. In ihrer Präsenz ist die Spur Ort der Erinnerung und setzt Deutungen in Gang, die zu Abwesendem führen. Diese Deutungsprozesse verlangen nach Vorwissen und Interpretation. In Bildern interagieren „referentielle mit differentiellen Spuren" (ebd. 90). Die Spur wird „im Bild wirksam als unsichtbares, durch zahlreiche Vor-Bilder produziertes Wissen, das es, wie immer einzigartig es erscheinen mag, zu einer Reihe anderer Zeichen in Verhältnis setzt. Deshalb gibt es kein unvoreingenommenes oder rein ‚materiales' Sehen von Bildern" (Weingart 2005: 234–235).

Anstelle der referentiellen filmischen Repräsentation tritt ein dichtes Geflecht differentieller Spuren, die Anwesendes und Abwesendes verklammern und Verknüpfungen eröffnen, die sowohl uns als Betrachtende als auch die Künstlerin in ihrer Position als Erzeugende tangieren. Die Filme dienen nicht länger der Rekonstruktion individueller Vergangenheiten, sondern sie werden in ein Netz von Zusammenhängen eingebracht und zeigen so, wie es Mennicke (2007: 12) bezüglich

---

thematisiert Ponger etwa auch in ihrer Arbeit *ImagiNative*, deren Titel sich aus den Wörtern „Image" bzw. „Imagination" und „Native" zusammensetzt (vgl. Mehali 2007: 17, 18)

[65] Vgl. die Abbildung in Hochleitner 2007: 85.

der Selbstporträts Pongers formuliert, Subjekte „als zutiefst verstrickt mit den visuellen Praktiken und Traditionen [...], die unseren Alltag begleiten".

5 Die Projektion ins Bild: *The Film of Her*

Bill Morrison vermischt in *The Film of Her* dokumentarische Ausgangspunkte mit fiktionalen Elementen. Dabei bedient er sich der Bilder, um lustvoll ihr narratives Potential auszuschöpfen und gleichzeitig Funktions- und Erscheinungsweisen von Film und Kino zu erforschen. Während Farocki Möglichkeit und Notwendigkeit der Repräsentation anhand des Zeigens von einmaligen historischen Dokumenten diskutiert und Ponger vermeintlich reale Bilder zu imaginären verdichtet, um das Eingeschriebene, Nichtsichtbare sichtbar zu machen und letztlich auf das Undarstellbare zu verweisen, verwirft Morrison die Vorstellung von Film als Repräsentation einer Wirklichkeit zugunsten einer poetisch-selbstreflexiven Auseinandersetzung mit dem Medium:

> The frame pauses briefly before the projector's lamp, and then moves on. Our lives are accumulations of ephemeral images and moments that our consciousness constructs into a reality. No sooner have we grasped the present, it is relegated to the past, where it only exists in the subjective history of each individual. The images can be thought of desires or memories: actions that take place in mind. The film stock can be thought of as the body, that which enables these events to be seen. Like our own bodies, this celluloid is a fragile and ephemeral medium that can deteriorate in countless ways (Morrison, in: Le Cain/Ronan: 2006).[66]

In einer in *The Film of Her* wiederholt artikulierten Analogie von menschlichem und „filmischem Bewusstsein" zeigen sich Filmbilder als ephemere Erinnerungsbilder und Erinnerungsbilder als ephemere Filmbilder (vgl. Böser 2006: 3). Sowie das menschliche Bewusstsein durch Wahrnehmung und

---

[66] Zu *The Film of Her* vgl. das Interview mit Bill Morrison von Maximilian Le Cain und Barry Ronan: *Trajectories of Decay: An Interview with Bill Morrison* (2006). Im Folgenden verweise ich auch auf den in *Senses of Cinema* publizierten Aufsatz von Ursula Böser *Memories are Made of This: Bill Morrison's The Film of Her* (2006: 1–6). Böser untersucht die Bearbeitungsstrategien Morrisons und den spezifischen Bezug der Bilder zur Vergangenheit anhand der von Ruchatz vorgeschlagenen Begriffe der Spur und Externalisierung. Dabei macht sie deutlich, wie Morrison die *Paper-Prints* als Material und thematische Ausgangspunkte einsetzt, um in der Tradition des Found-Footage-Films durch Resignifizierung und Neudeutung Funktionsweisen des Gedächtnisses und der Erinnerung und die dabei entstehenden subjektiven und veränderbaren Vergangenheitsversionen sichtbar zu machen. Die Verwendung von Found-Footage und Auseinandersetzungen mit Fragen des Archivs und der Materialität von Film ist kennzeichnend für Morrisons ganzes Werk, Filmografie siehe Webseite http://billmorrisonfilm.com/

Bedeutungserzeugung Sichtweisen und Aussagen erzeugt, so entstehen in filmischen Darstellungen Sichtweisen und Aussagen. Dieses konstruktivistische Verständnis von Film und Realität, in dem diese wie auch ihre mediale Darstellung als subjektive und kodifizierte Konstruktionen aufgefasst wird, ist ebenso grundlegend für das Verständnis von Morrisons *The Film of Her* als auch für die Filme von Ponger und Farocki. Das Erinnerungspotential, das dem Film allgemein zugesprochen wird, hängt mit Scherer (vgl. 2001: 70) davon ab, welcher Aspekt des Films beziehungsweise der Kinematographie in den Vordergrund gerückt wird: Farocki und Ponger verweisen auf die Differenz zwischen Signifikat und Signifikant (durchaus auch in Bezug auf die Aktualisierung durch einen Betrachter). Während sie dezidiert die – trotz allem notwendigen – Möglichkeiten und Unmöglichkeiten medialer Repräsentationen thematisieren, fokussiert Morrison weniger die politischen und ideologischen Einschreibungen und Implikationen von Bildern in ihrem Gedächtniswert. Er verlagert den Fokus auf die „Wiedergeburt" des Gespeicherten in der Projektion und auf dessen Wirkung.[67] Mit dieser explizit thematisierten Verlebendigung des Bildes in der Projektion, der Aktualisierung und subjektiven Aufladung durch einen – in *The Film of Her* konkret ins Bild gerückten – Betrachter steht weniger das „vor" als das „nach" des Bildes im Blickpunkt. Das Zeigen von Bild und Auge zeugt von einer Wechselwirkung zwischen Film und Betrachter. Diesen fesselt hier, und dies kulminiert in den Bildern des „Films von Ihr", ein subjektiver und emotionaler Bezug ans Bild (F: 61).

Die Praktiken des Archivs, die Lagerung, Überlieferung und Aktualisierung sind die thematischen Aspekte, die Morrison aufgreift (vgl. Böser 2003: 1–6). Das menschliche Bewusstsein als Ort der individuellen und der Film als Ort der kollektiven Erinnerung zeigen nicht nur Parallelen in ihrer Funktion, sondern auch in ihrer Entstehung und in ihrer Existenz als vergänglich und wiederholbar – in poetischen und rhythmischen Montagen verflicht Morrison diese Momente miteinander. Dabei artikuliert er ein Verständnis von Film, das eng an dessen Materialität und Erscheinungsweise gekoppelt ist. Die Masse von heterogenem filmischem Material ist narrativ geordnet, ihre Organisation orientiert sich an

[67] Die Wirkung der Bilder wird natürlich auch bei Ponger (die sinnliche Kraft der Bilder, ihre Macht, Objekte zu konstituieren) und Farocki (die Ikonen des Grauens) diskutiert. Wie ich noch ausführen werde, verlagert Morrison den Fokus jedoch verstärkt auf die nachfilmische Realität des Bildes.

konventionalisierten Darstellungskonventionen und spricht so etablierte Sehgewohnheiten an. Der exzessive Einsatz von verschiedenem Material sprengt jedoch die Erzählstränge und macht die Bilder selbst zu den Subjekten des Films (vgl. ebd. 2).

Die hier gewählte Zugangsweise fokussiert auf die Sekundärbearbeitung, auf den Einsatz und die Implikationen der Bilder. Deren Aufnahme wird als Reflexion von medialen, in ihrer Ausdrucksweise und ihrer Rezeption historisch und kulturell bedingten Ästhetiken gelesen.[68] Die Bilder in *The Film of Her* haben keine Ereignis-Aussagen mehr, sondern skizzieren als Monumente eine Objektgeschichte eine Geschichte des Kinos und des Films.

5.1 Fiktionalisierung und Ironisierung: Selbstreflexive (De-)konstruktion

Das Schicksal eines früheren Buchhalters der *Library of Congress* und die Überlieferungsgeschichte einer Sammlung von Papierdrucken, Kopien von ursprünglich auf Zelluloid produzierten Filmen aus der Frühzeit des Kinos, sind die dominierenden Erzählstränge in *The Film of Her*.[69] Diese beiden „Lebensgeschichten" visualisiert Morrison mit einer Vielzahl von Filmfragmenten, die verschiedenen Gattungen entstammen. Er schneidet auf Fragmente aus Spiel- und Dokumentarfilmen selbst produzierte Aufnahmen und vereint scheinbar wertlose Flohmarktfundstücke mit Aufnahmen des frühen Kinos und Auszügen aus Industriefilmen. Die Montage bettet Überliefertes aus der erwähnten, sich in der *Library of Congress* befindenden Sammlung des frühen Films direkt ein. Zusammen mit dem Fragment eines frühen erotischen Films, laut Morrison ein zufälliges Flohmarktfundstück – „I fell in love with this footage" –, avancieren die frühen Filme zu den zentralen Bildern des Films (Le Cain/Ronan 2006: 4). Die Biografie des Buchhalters und die Überlieferungsgeschichte der Sammlung als die in der Wirklichkeit verankerten Ausgangspunkte des Filmes werden durch die Überfülle

[68] Andere Aspekte werden vernachlässigt, wie etwa eine Verortung Morrisons im Kontext des amerikanischen Experimentalfilms und deren Verwendung von Found-Footage oder die intertextuellen Momente von Morrisons Arbeit. Le Cain/Ronan (vgl. 2006: 1–2) streichen die kollaborativen Aspekte von Morrisons Arbeiten heraus, die oft ursprünglich fürs Theater und deren Musik meist extra für die Filme komponiert wurde. Vgl. dazu Le Cain/Ronan (2006) und Böser (2006).

[69] Zu der *Paper-Print*-Sammlung, vgl. Böser 2006: 1.

der Bilder und die Beifügung fiktionaler Komponenten ironisiert und fiktionalisiert. Die Bilder werden zwar eingesetzt, um narrative Wendungen zu belegen. Diese Konstruktion ist jedoch für den Betrachter stets sichtbar, womit die tatsächliche Referenz der Bilder hinterfragt wird.

Doch zurück zum narrativen Ausgangspunkt des Films: Als erste Begegnung mit dieser filmgeschichtlich bedeutsamen Sammlung von Papierdrucken des frühen Kinos, die heute, Bild für Bild abfotografiert, erneut auf Zelluloid existiert, nennt Morrison die Begegnung mit Ken Jacobs Film *Tom, Tom, the Piper's Son* (1969), der ebenfalls mit Fragmenten dieser Sammlung arbeitet (vgl. Le Cain/Ronan 2006: 5). Diese ursprünglich im Zeitraum von 1894 bis 1912 auf Film produzierten *Paper-prints*, einmalige Dokumente aus der Entstehungszeit des Kinos, wurden von den damaligen Filmemachern mangels Urheberschutz für Zelluloidbilder selbst erstellt und ins Archiv der *Library of Congress* gesendet. Hier sollten sie in den 1930er Jahren vernichtet werden, denn wie es der Protagonist des Filmes formuliert: „Old things must go to make room for the new“ (F: 60). Nach Morrison bewahrte der Buchhalter Howard Halls diese wertvollen Papierkopien 1939 vor der drohenden Zerstörung. Obwohl der Buchhalter darauf zum Kurator ernannt wurde, geriet er nach dem Zweiten Weltkrieg in Vergessenheit. Die Oscar-Auszeichnung von 1955, die die Erhaltung und Restaurierung der Bilder würdigte, nahm der damalige Archivar der *Library of Congress*, Kemp Niver, entgegen.[70] So bilden historische Ausgangspunkte und vielfältiges Filmmaterial das Fundament von Morrisons Arbeit, wobei sich diese beiden Komponenten wechselseitig beeinflussen. Morrison bezeichnet die Flexibilität seiner Arbeitsweise als bestimmend. Dem Film liegen zwar Gespräche mit Howard Halls zugrunde, da dessen Aussagen jedoch dramatisches Potential vermissen liessen, integrierte er kurzerhand ein Flohmarktfundstück in den Film, den „Film of Her“ (vgl. Le Cain/Ronan 2006: 4). Die Suche nach diesem Film, den der Protagonist als Kind im fleissig besuchten Kino seines Grossvaters sah und der eine nackte junge Frau als Modell und Geliebte eines Malers zeigt, ist das Schlüsselmoment für das Interesse für die *Paper-print*-Sammlung – „Could the Film of Her be in the collection?“ (F: 62). Das Handlungsmotiv des Buchhalters, der die frühen Filme vom „Speichergedächtnis“, das Bestände konserviert, ins „Funktionsgedächtnis“, das Bestände auswählt und

---

[70] Laut Böser (vgl. 2006: 1, 6) stimmen die zeitlichen Angaben Morrisons nicht mit andernorts angegebenen Daten überein.

vermittelt, überführt, ist keinem wissenschaftlichen filmhistorischen Interesse entsprungen (Assmann 2004: 48). Dass die Filme vor der Zerstörung bewahrt werden, ist der Suche nach einer nostalgisch vermissten Kindheit und einem frühkindlichen Erlebnis zu verdanken.

Dokumentarische Elemente vermischen sich mit fiktionalen bis zur Unkenntlichkeit. Die Schicksale der beiden Protagonisten – des Buchhalters und der Sammlung – geben einen Erzählbogen vor. Dieser fungiert als Ordnungsstruktur und organisiert den exzessiven Einsatz von heterogenen Filmfragmenten. Wiederum kommen der Montage und der Ton-/Bildmontage eine herausragende Bedeutung zu. Diese sind ebenfalls als ordnende Instanzen eingesetzt. Auf der Tonspur sind es zwei in bedeutungsschwangerem, beinahe pathetischem Ton gesprochene Voice-over: Das erste, so wird suggeriert, ist die Stimme des Buchhalters, der rückblickend seine Erinnerungen auslegt (gesprochen von Morrison selbst), das zweite gehört einem körperlosen Erzähler, der die Geschehnisse historisch verortet. Letzteres bettet die individuelle Lebensgeschichte, eine Mikrogeschichte, in einen geschichtlichen Zusammenhang, in eine Makrogeschichte ein. Morrison schöpft das narrative Potential von Bildern und Bildabfolgen lustvoll aus. Die die Bilder erklärenden und den Blick des Zuschauers lenkenden narrativen Ordnungsstrukturen scheinen in den Bildern bereits angelegt und müssen bloss aufgegriffen werden.[71] Es zeigen sich sowohl Codes des dokumentarischen als auch des fiktionalen Films.[72] Das Narrative

[71] Die Einstellung von Menschen in einer Bar, deren Blick nach links oben auf etwas in dem Bild nicht Sichtbares weist, rahmt etwa die Erzählung und Darstellung der Oskarverleihung an Kemp Niver (F: 69). Damit wird eine Fernsehübertragung suggeriert, die sich die auf dem Bild abgebildeten Personen anschauen. Die Blickperspektive ins Off des Bildes wird so narrativ eingebettet. Diese narrative Aussage scheint zwar im Bild bereits vorhanden zu sein, es wird ihr aber je nach Kontextualisierung durch die Montage ein anderes Gewicht und eine andere Bedeutung beigemessen.

[72] So wird etwa die *Library of Congress* mit einer Totalen und einem darüber eingeblendeten Schriftzug „Library of Congress" eingeführt, diese Gestaltung lässt annehmen, dass die Einstellung einem Dokumentarfilm entnommen ist (F: 57). Auch die Einfügung von Archivbildern zum Belegen eines historischen Ereignisses ist eine Strategie des Dokumentarfilms (F: 63) sowie die die Bilder erklärende und kontextualisierende zweite Voice-over. Werden hingegen nach einer Halbnahen des Protagonisten und dessen im ersten Voice-over formulierten (inneren) Gedanken Erinnerungs- und Kindheitsbilder gezeigt, so entspricht dies eher im Spielfilm verwendeten Darstellungskonventionen (F: 58). Unterscheidungen sind jedoch nicht immer eindeutig zu ziehen, da sich sowohl der fiktionale als auch der dokumentarische Film narrativer Strukturen bedient.

fungiert als primäre Ordnung, die die Bilder auf bestimmte Sinnzusammenhänge und Aussagen festlegt. Etablierte Erzählformen ermöglichen trotz uneinheitlicher Bilder die Darstellung der Biografie des Buchhalters und die Überlieferungsgeschichte der Sammlung. So erfolgt etwa die Identifizierung des Protagonisten nicht über dessen Darstellung durch nur einen Schauspieler, den der Zuschauer als Buchhalter wiedererkennen könnte, sondern durch das erste Voice-over, die durch die Rede in der ersten Person Singular wiederholt verschiedene männliche Figuren als Protagonisten ausweist (F: 58, 60, 62, 64). In der Darstellung der Geschichten bedient sich Morrison einer kontinuierlichen Montage, erklärenden Voice-over und eines kausallogischen Erzählverlaufs. Diese ordnenden Strukturen ermöglichen es, offensichtlich nicht Zusammengehörendes zu verbinden, und es entsteht eine für den Zuschauer nachvollziehbare und logische narrative Abfolge. Eine solche Montage funktioniert, weil der Zuschauer mit der im klassischen Erzählkino verankerten kontinuierlichen Montage vertraut ist und sie zu deuten vermag. Wenn etwa in der Sequenz der Erinnerungsbilder des Protagonisten ein *match cut*[73] zwei ursprünglich verschiedenen Quellen entstammende Aufnahmen verbindet, zwei Bilder, die den Abschied einer Mutter von ihrem Sohn zeigen (jedoch eindeutig einer anderen Zeit und einem anderen Raum entstammen und auch nicht dieselben Figuren abbilden), so liest ein mit den Darstellungskonventionen des Erzählkinos vertrauter Zuschauer die Bilder als eine Erinnerung des Buchhalters an den Abschied von seiner Mutter (F: 58). Er wird den jungen Mann auf dem zweiten Bild als jüngeren Buchhalter und den Knaben auf dem ersten Bild als noch jüngeren erkennen. Er wird verstehen, dass diese Bilder die Vergangenheit des Protagonisten darstellen und seinen Lebensweg nachzeichnen. Gleichzeitig bleibt für den Zuschauer die Konstruktion sichtbar. Morrison bedient sich etablierter Erzählstrukturen und schöpft damit narrative

---

[73] Um Verbindungen zwischen den Bildern herzustellen arbeitet Morrison bevorzugt mit Ähnlichkeiten zwischen ihnen; vor allem in der ersten Montagesequenz, die die Herstellung von Papier und Zelluloid zeigt, aber auch später montiert er so Bilder anhand von *match cuts* aneinander (F: 55–57). Dabei werden zwei sich in ihrer formalen Komposition ähnliche, aber ursprünglich zeitlich und räumlich getrennte Bilder, nebeneinander montiert, oft wird dabei in die Bewegung geschnitten, wodurch für den Zuschauer Kontinuität und Zusammenhänge zwischen den Bildern suggeriert werden. In der erwähnten Montagesequenz begleitet nur Musik die Bilder, die Verbindung zwischen den Bildern wird daher stärker durch die *match cuts* hergestellt als in den nachfolgenden Sequenzen – etwa auch den oben analysierten Abschied von der Mutter –, in denen den beiden Voice-over-Stimmen bei der Herstellung von Kontinuität eine herausragende Bedeutung zukommt.

Möglichkeiten von Bildern und deren Einordnung in bedeutungsgenerierende Bild- und Bild-/Tonmontagen aus. Trotz der offensichtlichen Diversität der Bilder können diese Erzählkonventionen funktionieren. Die Heterogenität der Fragmente zerstört nicht die Erzählung. Durch die Sichtbarmachung der Konstruktion bricht jedoch die Illusion einer kohärenten und lückenlosen, einer „wahren" Erzählung auf. In dieser sichtbaren Montage bleibt die Konstruktion des Gezeigten stets gegenwärtig. Die Entstehungs- und Konstruktionsprozesse von Film, an deren Verbergen ein Hollywoodsches Illusionskino so präzise arbeitet, werden ersichtlich. Der unsichtbare Schnitt des Illusionskinos ist aufgehoben zugunsten eines offenkundig sichtbaren. Das narrative Potential wird ausgelotet. Da sich die Kontraste der heterogenen filmischen Ausgangslage nicht auflösen, wird das Bewusstsein der Konstruktion für den Zuschauer gleichzeitig geschärft.

Morrison bedient sich diverser filmischer Darstellungsstrategien und arbeitet mit Formen der Fiktionalisierung und der Ironisierung, um die hegemonialen Strategien zu dekonstruieren. In der Arrangierung des Materials bricht er mit den Regeln des Erzählkinos, die Bilder in eine für den Zuschauer nachvollziehbar werdende Ordnung von Raum und Zeit bringen. Denn diese Ordnungen, derer er sich durchaus bedient, werden konstant von einem Überschuss an Material überfordert. Nicht nur mit diesem Überschuss wird der klassische Stil, in dem die Montage das Geschehen auf seine logischen, zeitlich und räumlich notwendigen Teilaspekte verkürzt, unterlaufen, sondern auch durch die exzessive Dehnung und Raffung der Zeit.

Das filmische Bild, dessen Bezug zur Welt ungenau und offen ist, kann beliebig eingesetzt werden. Erneut wird damit verdeutlicht, dass es die Einbettung des Bildes durch die Montage ist, die Bedeutung generiert; hier ist es auf einer primären Ebene eine narrative Bedeutung. Die Kluft zwischen den Bildern, die Kollision entsteht in *The Film of Her* durch die Heterogenität des Materials. Es wird keine Homogenisierung und Geschlossenheit von Raum und Zeit angestrebt. Die Differenz zwischen den Bildern verschwindet nicht länger hinter dem Eindruck der kontinuierlichen Bewegung, sondern sie tritt nun deutlich hervor. Obwohl sich die Bilder durch die Montage und die Bild-/Tonmontage in eine Erzählung einfügen, verweist die Unüberbrückbarkeit der einzelnen Elemente darauf hin, dass die Referenz der Bilder kaum so eindeutig ist, wie die Narration suggeriert.

Konstruierte Dokumente, metakinematografische Monumente

Die in den zuvor diskutierten Werken beobachteten politischen und ideologiekritischen Fragestellungen weichen in *The Film of Her* zugunsten eines eher autopoetisch ausgerichteten Ansatzes. Die historischen Fakten dienen nun lediglich als Ausgangspunkte, von denen sich die Sekundärbearbeitung löst und deren historischer Aufarbeitung im Weiteren keine Bedeutung mehr zukommt. Wenn die Bilder auch in einem narrativen Sinn als Dokumente fungieren, da sie narrative Wendungen belegen, so ist ihr Einsatz, wie bereits aufgezeigt, dennoch ironisiert. Über die konstruierte narrative Aussage hinaus, haben sie keine Ereignis-Aussage mehr. Ihre ausserfilmische Referenz ist aufgehoben. Die Stimmen, die in ihnen erweckt werden und die sie sprechen lassen, sind ihnen von einer äusseren Instanz künstlich zugeschrieben worden. Durch die Diskrepanz zwischen der narrativ zugeordneten Ereignis-Aussage und dem eigentlich Abgebildeten wird der Einsatz von Bildern als Dokumente generell parodiert und hinterfragt.

Farocki und Ponger beschränken sich in der Auswahl der Bilder und thematisieren deren Herkunft.[74] Morrison verwendet neben bekannten Ikonen, wie etwa den eingefügten Bildern der frühen Filme oder den Serienphotographien von Eadweard Muybridge, teilweise auch Material, dessen konkreter Entstehungskontext kaum zu eruieren ist. Die Heterogenität der Bilder erschwert eine denkbare Verortung hinsichtlich Herkunft und erstmaliger Verwendung. Bei der Betrachtung eines Werkes, das in einem poetischen Modus das Medium selbst in seinem Oszillieren zwischen Tod und Verlebendigung reflektiert, scheint die historiografische Dimension des wiedergelesenen Bildes in den Hintergrund zu rücken. Found-Footage-Filme analysieren jedoch Einschreibungen ins filmische Material. Nach den bereits zitierten Worten Martin Arnolds sollen damit „die dominanten Traditionen der Darstellung“, die einem „die kulturellen Leitbilder von der Ökonomie der filmischen Zeit, des filmischen Raums und dem idealen Zusammenleben der Geschlechter“ einsenken, sichtbar gemacht werden (Arnold, in: MacDonald 1995: 287).[75] Diese dominanten Traditionen greift Morrison auf, wenn

---

[74] Morrison verweist im Abspann auf einige verwendete Filme, es sind jedoch nicht alle aufgeführt.

[75] Martin Arnolds Werke unterscheiden sich formal stark von Morrisons. Sie weisen aber teilweise hinsichtlich des verwendeten Materials Parallelen auf, wenn sich Arnold in *Passage à l'acte* (1993) oder *Pièce touchée* (1989) Spielfilmen bedient und damit Einschreibungen in fiktionale Formen untersucht.

er sich deren Darstellungsstrategien bedient. Er löst die Bilder radikal von einer potentiellen äusseren Referenz und setzt spielerisch die etablierten Strategien der Perspektivierung und der Lesbarmachung von historisch Überliefertem ein – die figurative Sprache einer filmischen Geschichtsschreibung. Nach Hayden White (1990, 1994) bestimmen die formalen Mittel die historiografische Darstellung. Die Beziehungen zwischen Ereignissen werden hergestellt, indem konventionalisierte und erprobte Möglichkeiten der Beschreibung, etwa literarische Plotstrukturen über die ungeordnete Abfolge von Geschehnissen gestülpt werden. Die Narration bestimmt Auswahl und Ordnung der Elemente. Anhand der Fiktionalisierung und Ironisierung legt Morrison diese formalen Mittel des Arrangements offen und unterläuft damit den Wahrheitsanspruch historischer beziehungsweise dokumentarischer Darstellungen. Geschichte wird ganz offensichtlich zu Geschichte gemacht. Anhand der verwendeten Artefakte werden in *The Film of Her* historisch und kulturell gebildete Erzähl- und Darstellungsformen sichtbar. Die Bilder und die in ihnen angelegten Darstellungskonventionen sind Teil des kollektiven Gedächtnisses und der kollektiven Identität. Morrison wertet und kategorisiert die Auswahl nicht, wie der Chronist bei Benjamin (1974: 694), der die Ereignisse erzählt, „ohne grosse und kleine zu unterscheiden", zeigt er seine Bilder und trägt damit der Wahrheit Rechnung, „dass nichts, was sich jemals ereignet, für die Geschichte verloren zu geben ist". Auch hinsichtlich ihrer fiktionalen oder dokumentarischen Aspekte unterscheidet Morrison seine Quellen nicht und folgt damit der Kritik von White (1994: 137), der die Vorstellung, dass der historische Kontext des literarischen Werkes eine Konkretheit und Zugänglichkeit besitze, die das Werk nicht haben könne, verwirft. In die Bilder haben sich Darstellungskonventionen eingeschrieben. Diese Spuren der Aufzeichnung und Überlieferung sind nicht auf ein bestimmtes historisches Ereignis bezogen, sondern sie stellen Spuren medialer Ästhetiken dar. Bewahrt ist nicht nur, was sich einmal tatsächlich vor einer Kamera befunden hat, sondern vor allem auch die spezifische Form, in der dieses festgehalten wurde. Gerade in ihrer Heterogenität sprengen die Fragmente den narrativen Bogen. Unabhängig von ihrem ursprünglich fiktionalen oder dokumentarischen Status wird das Überlieferte in seiner Positivität und Erscheinung zueinander in Bezug gesetzt und angeordnet. In der Fülle zeigen sich die Bilder, stumm und selbstreferentiell, in ihrer Materialität als Spuren der Aufzeichnung. Der Status der Bilder als Bilder wird ausgestellt, es geht nicht länger um die sinnliche Erfahrbarmachung von Geschichte, sondern um das Erleben des Mediums selbst.

Die Praktiken des Archivs

Die ersten Bilder des Filmes dienen der narrativen Rahmung und etablieren gleichzeitig die wiederholt artikulierte Analogie zwischen dem menschlichen Bewusstsein und der Speicherkapazität von Medien als Gedächtnisorte (vgl. Böser 2006: 2–3). Dabei bietet sich gerade der Film mit seiner visualisierten Bewegungssuggestion speziell als Gedächtnismedium an. Die Filmrolle, die einem Archivregal entnommen und am Ende des Films wieder zurückgestellt wird, symbolisiert nicht nur Auftakt und Ende einer Erzählung, sondern fungiert auch als künstlicher Gedächtnisspeicher (F: 54, 64). Die nächste Einstellung zeigt den träumenden Buchhalter. Auch diese Einstellung wird gegen Ende wiedererscheinen und nun einen anderen Buchhalter verkörpern, welcher von Macht und Schöpfung träumt. Die in der Anfangssequenz folgenden Bilder könnten folglich den medial gespeicherten Gedächtnissen entstammen, gleichzeitig aber auch Erinnerungs- oder Traumbilder des Protagonisten sein (F: 54, 65).[76] Der Verweis auf Traum und Erinnerung und die ausbleibende Unterscheidung zwischen mentalen Bildern und (scheinbar) realen Bildern versetzt die Visualisierung bereits in eine Sphäre des Surrealen und Träumerischen. Wie mentale Bilder tauchen die Filmbilder auf, verschwinden wieder und widerstreben in ihrem Auf- und Abtauchen dem Versuch, sie festzuhalten und zu ordnen, um einen Sinn zu entwerfen. Ob menschlicher Körper oder filmisches Material, beides konzipiert Morrison als Ort der Speicherung und Erzeugung von Gedächtnisinhalten, Orte, die ihre Bilder und Objekte in einem zyklischen Ablauf von Erinnern und Vergessen beziehungsweise Lagern und Aktualisieren organisieren. Die Aktualisierung zeigt sich im dritten der drei ersten, als Präambel fungierenden Bilder, das einen älteren, mit Kerze betriebenen Projektor abbildet, dessen Kerzenlicht am Ende erlöschen wird (F: 55, 65). Mit dem Apparat, der die Bilder erst wiederbeleben kann, ist damit auf die Metapher von Film als Tod beziehungsweise Verlebendigung in der Projektion verwiesen, die Morrison wiederholt explizit formuliert.

---

[76] Neben den Verknüpfungen von Gedächtnis und Erinnerung verweist Morrison hier auch auf die in der Filmtheorie viel diskutierte Film/Traum-Analogie.

Die nun einsetzende Montagesequenz, die in einer dichten rhythmischen und an der formalen Komposition der Bilder orientierten Abfolge menschlich-organische und industrielle Entstehungs- und Herstellungsprozesse verflechtet und parallelisiert, setzt diese Analogie fort (F: 55–57). Ohne Voice-over, nur von Musik begleitet, lassen *match cuts* Verbindungen zwischen biologischen und technischen Prozessen entstehen, die mit der Konzeption des individuellen, subjektiven gegenüber einem externalisierten, in kulturellen Objektivationen bewahrten Gedächtnis korrespondieren. Sowohl das menschliche Bewusstsein als auch das Kino werden konzipiert als Einrichtung zur Lagerung von fragmentarischen Spuren des Realen. Die Parallelisierung von künstlichen und menschlichen Gedächtnisorten wird fortgeführt, wenn die Kamera nacheinander auf die gleiche Weise ins Innere eines Gedächtnisses eindringt (F: 58): Auf den Blick von Außen (Totale der Bibliothek beziehungsweise Halbnahe des Buchhalters) folgen die Aufnahmen von Innen (die Archivregale der Bibliothek beziehungsweise die Erinnerungsbilder des Protagonisten).

Die Schicksale der sowohl als Subjekte als auch als Objekte von Gedächtnissen fungierenden „Protagonisten" scheinen sich dabei zu widerspiegeln und zu wiederholen. Wie die Filme aus dem öffentlichen Gedächtnis gelöscht und später wiederentdeckt werden, so gerät auch der Buchhalter in Vergessenheit und wird von Morrison selbst wieder rehabilitiert. Dies thematisiert die Existenzweise des kollektiven und des individuellen Gedächtnisses in den Modi des Archivs und der Aktualisierung (vgl. Jan Assmann 1988: 13). Aleida Assmann unterscheidet das „Speichergedächtnis" vom „Funktionsgedächtnis" (2004: 48): In *The Film of Her* werden die *Paper-Prints*, deren Verlust und Tilgung aus dem Speichergedächtnis beziehungsweise aus dem Archiv droht, vom Protagonisten ins Funktionsgedächtnis überführt. Durch Kanonisierung erlangen sie einen als wertvoll eingestuften Stellenwert in einer Gesellschaft und werden nun fortwährend aktualisiert und tradiert, nehmen einen aktiven Platz in der Gesellschaft – sie werden aufgeführt, interpretiert, besprochen und gezeigt. Das Kulturgut wandelt sich zum Abfall, der Abfall zum Kulturgut. In der *Library of Congress* als Institution des kulturellen Speichergedächtnisses, zeigt Morrison so Akte der Restaurierung und der Überlieferung, die Praktiken des Archivs. Nach Steyerl (2008: 26–27) sind nicht nur Archive „Paläste der Erinnerung", sondern dokumentarische Arbeiten überhaupt, denn sie sortieren Dokumente, bewahren sie auf und stellen Zusammenhänge her. So wird Morrisons Film, der unterschiedlichste historische Filmfragmente vereint und anordnet, selbst zum Archiv.

Die Dialektik von Erinnern und Vergessen, Speichern und Aktualisieren in den Praktiken des Archivs korrespondiert mit der Existenzweise von Film in der Lagerung und der Verlebendigung, wie es im Voice-over in Bezug auf das „Bild von Ihr" festgehalten wird: „She is frozen in time [...] still be storn in some shelf somewhere, waiting to be called up, to be born again" (F: 62, 64).

Betrachtet man die Zeitlichkeit des Films, so wird deutlich, dass in einer „Montage der Erinnerung und des Gedächtnisses" die Geschehnisse, so linear sie durch die ordnenden Strukturen bei einer ersten Visionierung scheinen mögen, durch exzessive Dehnung und Raffung der Bilder und Bildabfolgen „ihrem kontinuierlichen Ablauf enthoben" sind (Scherer 2001: 73). Die Masse der räumlich und zeitlich heterogenen Fragmente, die achronologisch eingesetzt und wiederholt werden, sprengen jede lineare Zeitlichkeit. Anstelle einer fortschreitenden Entwicklung tritt ein zyklisches Verständnis von Geschichte: zeitliche und räumliche Distanzen sind aufgehoben zugunsten einer Gleichzeitigkeit der Zeiten. Ein solch melancholisches Zeitbewusstsein nimmt die Anwesenheit der Vergangenheit in der Gegenwart wahr und streicht als Wesensmerkmal des Films die Verschmelzung der Zeiten im Bild speziell heraus (vgl. Scherer 2006: 65–70). Dem Film als Medium haftet etwas Melancholisches an, da er etwas scheinbar präsentiert, das immer ungreifbar bleibt. Das Wissen um Vergänglichkeit, Flüchtigkeit und Verlust zeigt sich nicht nur im Verständnis des Filmbildes als Spur von etwas Abwesendem, sondern auch in der Wahrnehmung des Bildes (vgl. ebd. 68). Das Bild, festgefroren, ist der Tod: Ich bin „GANZ UND GAR BILD geworden [...], das heisst der TOD in Person" (Barthes 1989: 23, Hervorhebung i.O.). Die Existenz von Film zwischen Mortifikation und Verlebendigung ist konstitutiv. In der Projektion wieder beleuchtet, wird ihm durch die Abfolge Bewegung verliehen und er wird verlebendigt, in der Gegenwart des Ereignisses, seiner Aufführung und Wahrnehmung. Scherer (2006: 69) betont damit den Wahrnehmungsakt. Filmwahrnehmung ist ein lebendiger Prozess, der nach einem aktiven Zuschauer verlangt.[77] In melancholischen Filmen dominieren nicht Handlung und Geschehen,

---

[77] Gewinnt, wie in *The Film of Her*, die aktive Wahrnehmungskonstruktion an Bedeutung, so tritt der Aspekt der Vergänglichkeit, die Präsentation von etwas Abwesendem in den Hintergrund.

sondern die Entfaltung von Aktionen und Gesten (ebd. 70). Die Gegenwart der Aktualisierung gewinnt an Bedeutung. Als direkte Zeit-Bilder setzen sich die Bilder mit Imaginärem und Mentalem in Verbindung, bis zur „*Ununterscheidbarkeit*“ des aktuellen und des virtuellen Bildes (Deleuze 1991: 350).

Die gespeicherte Zeit und die Zeit der Betrachtung

Die Zuschreibung eines objektivierten Sinnes von Gedächtnisbeständen erfolgt durch eine Perspektivierung aus der jeweiligen Gegenwart. In *The Film of Her* vollzieht sich die Aktualisierung der Gedächtnisse auf zwei Ebenen: Einerseits stellt die Sekundärbearbeitung selbst eine Aktualisierung der Gedächtnisbestände für uns Betrachtende dar, nicht hinsichtlich von Ereignis-Aussagen, sondern von Objekt-Aussagen einer Metageschichte. Andererseits werden die Bilder, und vor allem auch das „Bild von Ihr“, auf den Protagonisten bezogen. Damit wird das sozialkonstruktivistische Verständnis von Vergangenheit und Gegenwart, deren Wahrnehmung und Sinnerzeugung sich als subjektiv konstruiert erweisen und immer auf eine Gegenwart der Aktualisierung bezogen sind, verdeutlicht. Dieser subjektive Bezug auf den Protagonisten zeigt sich besonders in der Organisation der Zeit. Die Montage verknüpft verschiedene Zeitebenen miteinander (die Kindheit, die Entdeckung der Filme, die Gegenwart der Erzählung). Sowohl der Protagonist als auch der (körperlose) Erzähler können beliebig über die Bilder verfügen und sich mittels Rückblenden, Lücken, Sprüngen und Verdichtungen in und zwischen den einzelnen erzählten Zeiten bewegen. Die Aktualisierung der Bilder ist immer auf die Gegenwart der Konstruktion bezogen. Diese ist subjektiv und emotional bestimmt, etwa wenn der Protagonist in seinen Erinnerungen den „Film von Ihr“ zuerst rafft und dann dehnt, um bei einem Bild zu verharren (F: 58). Die Aktualisierung der Bilder in *The Film of Her* erfolgt auf mehreren Ebenen, die nicht immer eindeutig zu trennen sind.[78] Immer jedoch verschränkt sich die gespeicherte Zeit im Bild mit der

---

Die beiden Seiten sind jedoch nicht voneinander zu lösen und können nicht gegeneinander ausgespielt werden: „Sie sind wahrscheinlich immer gleichzeitig anwesend“ (Scherer 2006: 70).

[78] Sind die Bilder Erinnerungsbilder des Protagonisten? Sind es „offizielle“ Bilder des kollektiven Gedächtnisses, denen eine makrogeschichtliche Aussage zugeschrieben wird? Wenn gewisse Aufnahmen, wie etwa die Kindheitsbilder durch die vorherige Markierung als individuelle Erinnerungsbilder des Protagonisten gekennzeichnet sind, so sind im Allgemeinen die Trennungen nicht immer so eindeutig (F: 58). Während die Kindheitsbilder und die „Bilder von Ihr“ eindeutig auf den Protagonisten bezogen sind, fehlen bei anderen Bildern Markierungen.

Zeit der Gegenwart der Betrachtung. Werden die Bilder anhand eines kulturellen Wissens als kulturelle Artefakte gelesen, so sind sie Gegenstand des *studiums*, das ihnen eine Wertschätzung zuspricht, sie betrachtet und analysiert, einordnet, erläutert. Diese eher rationale Lektüre wird nach Barthes durchbrochen durch den Moment des *punctums*, das immer nur ein subjektiver, emotionaler und affektiver Zugang sein kann. Das *punctum* ist eine Zutat von außen, „es ist das, was ich dem Photo hinzufüge und *was dennoch schon da ist*“ (Barthes 1989: 65, Hervorhebung i.O.). Die zentralen Bilder in *The Film of Her* sind für den Protagonisten solche Bilder des *punctums*, er beseelt sie.[79] Das Bild ist für den Protagonisten Erinnerungsbild, welches jedoch ohne einen äusseren Index besteht (vgl. Scherer 2001: 69). Als Spuren von etwas Abwesendem, als welche Morrison die Bilder wiederholt konzipiert, als „old remain of a bygone era of past time“, zeigen sie sich als Erinnerungsbilder. Diese konservieren Zeit, können jedoch nie in sich Erinnerung sein, sondern werden von einem Betrachter aktualisiert (F: 57). Sie sind *studium* für uns Betrachtende oder Objekte emotionaler Aufladung, in denen Abwesendes kumuliert, *punctum* für den Protagonisten, aber ihre Lesbarkeit ist immer an Lektüre gekoppelt. Die Spur, wenn identifiziert und gedeutet, ist aus dem Authentisch-Ursprünglichen gelöst (vgl. Ruchatz 2004: 89).

Die Erfahrung des Bildes

Das „Bild von Ihr“ besitzt für den Protagonisten ein *punctum*, dessen Wahrnehmung Erinnerungen auslöst, die er ins Bild zurückprojiziert. Die Wahrnehmung, die in der Gegenwart erfolgt, ist durchdrungen von der Erinnerung, es entsteht ein Moment der Gleichzeitigkeit. Die „Präsenz des kinematographischen Bildes [ist] nicht mit seinem Präsens gleichzusetzen, seiner Gegenwart in der Wahrnehmungssituation“ (Scherer 2001: 68). Im „Bild von Ihr“ verschränken sich die verschiedenen Zeiten. Die Abbildungen dieser Frau sind für den Protagonisten erotische Bilder des Begehrens. Darin verdichten sich die unwiderrufliche vergangene Zeit der Kindheit, das schmerzlich Vermisste und das nostalgisch

Die drei als Präambeln fungierenden Bilder zu Beginn etablieren die fehlende Trennung zwischen mentalen und „realen“ Bildern und verweisen damit auf die kaum zu lösenden Verknüpfungen von individuellem und kollektivem Gedächtnis. Unabhängig von diesen diegetischen Konstruktionen richten sich alle Bilder auch auf uns Betrachtende.

[79] Für uns Betrachtende sind die Bilder Monumente oder Gegenstände des *studiums*, sie können aber durchaus auch zu Bildern des *punctums* werden.

Betrauerte. Als Spur ist dieses Bild nur eine imaginäre Spur, zu im Bild Abwesendem, zu assoziativen Verknüpfungen. Es ist nicht Bild, sondern „Einbildung“ (Barthes 1989: 85). Der Protagonist sucht, wie Benjamin im Lesekasten, in diesem Bild nach seiner „ganzen“ Kindheit, eine Suche die jedoch vergeben sein muss: Nie „wieder können wir Vergessenes ganz zurückgewinnen. [...] Der Chock des Wiederhabens wäre so zerstörend, dass wir im Augenblick aufhören müssten, unsere Sehnsucht zu verstehen“ (Benjamin 1972: 267). Das Vergangene ist nicht mehr greifbar und der Versuch, es festzuhalten, muss scheitern. Die Verlebendigung ist, obwohl stets wiederholbar, vergänglich.

Als Gedächtnisspeicher kann das Bild jedoch wieder und wieder belebt werden. Da die Frau für den Protagonisten nie real existiert hat, referiert ihr Bild jedoch nicht länger auf eine vorfilmische Realität. Vielmehr sehnt er sich nach der Präsenz des Bildes in der Verlebendigung und dem Akt der Wahrnehmung. Was ihn berührt, ist nicht das bei Barthes formulierte, überwältigende „Dagewesensein“ einer Sache oder eines Objekts. Reales und mediales Erleben wird einander nicht gegensätzlich gegenübergestellt, sondern bildet nicht zu lösende Verknüpfungen.

Das Bild kann Anlass zur Erinnerung des Vermissten sein. Wonach sich der Protagonist jedoch am Meisten sehnt, ist der Akt der Verlebendigung, die phantasmatische Überwältigung durch Bilder, „die einen nie ganz befriedigen können, und deshalb ein nostalgisches Begehren nach etwas Unmöglichem, Undefinierbarem aufrecht erhalten“ (Bronfen 2002: 1). Nach dieser Projektion des Begehrens sehnt sich der Protagonist und damit sehnt er sich weniger nach einer Wiederauferstehung der Vergangenheit als nach einer Erfahrung, nach Intensität, die für ihn an dieses eine Bild der Vergangenheit gekoppelt ist.

5.2 Die Ästhetik des frühen Films

Nicht nur die Entstehungs- und Überlieferungsprozesse erzählen Filmgeschichte(n), auch mit der Aufnahme diverser Darstellungsmodi schreibt Morrison eine Geschichte der Darstellungskonventionen des Films. Diese haben immer wieder andere Beziehungen zwischen Film und Betrachter etabliert haben.[80]

[80] Elsaesser/Hagener (2007) sehen die Beziehung zwischen Film und Betrachter als so zentral an, dass sie ihre Einführung in die Filmtheorie anhand der Frage danach, wie sich der Film zum „(Zuschauer)Körper“ verhält, aufbauen.

Die Integration diverser historischer Fundstücke etabliert einen Metatext zur Geschichte des Kinos. Somit wird nicht nur inhaltlich auf die Sammlung der *Paper-Prints* verwiesen, sondern Fragmente der Sammlung und Vorläufer des frühen Films, wie etwa die Bewegungsstudien von Eadweard Muybridges, des Pioniers der Serienfotografie, werden direkt in den Film montiert. Die Thematisierung der Entstehungszeit des Kinos erfolgt nicht in einem Modus der Repräsentation, sondern durch die direkte Präsentation von Spuren: „They are old fossils of an extinct species" (F: 57).[81] Diese Spuren verweisen auf den Akt ihrer Erstehung und auf eine vormalig existierende Zeit, ohne diese zu repräsentieren. Jedes Medium, so führt Ruchatz (2003: 92) aus, ist Spur in selbstreferentieller Hinsicht, „jedes konkrete mediale Kommunikationsereignis trägt an sich die Merkmale eines bestimmten Zeitpunkts der Medien- und Kulturgeschichte".

Auch in Bezug auf eine positivistisch ausgerichtete Filmgeschichtsschreibung problematisiert Thomas Elsaesser im Gespräch mit Christa Blümlinger (1997: 570–571) das Verständnis von Film als überlieferte Spur eines historischen Ereignisses. Als zwei mögliche Blickpunkte auf dasselbe Phänomen wird Film in einer empirisch orientierten filmgeschichtlichen Forschung häufig als Spur betrachtet oder, in einem theoretisch orientierten Ansatz, als Objekt auf andere Objekte bezogen. Elsaesser betont, dass die stete Existenz des Films, auch des dokumentarischen Films, als imaginäre[82] und die hohe Ikonizität, die in der Geschichte der Filmtheorie sowohl fasziniert als auch gelähmt hat, den Film nie ausschliesslich zur Spur, sondern immer

---

[81] Die erste Periode des frühen Kinos, nach Elsaesser (2002, 95–96) von 1896–1907 ging mit einer Institutionalisierung in Form der Ausbildung von festen Spielstätten zu Ende. Danach bildete sich eine Filmindustrie mit spezifischen und reglementierten Gattungen aus, die begann, sich an einer aristotelischen geschlossenen Dramatik, an einer Psychologisierung und Narrativisierung der Darstellung und einer Unterscheidung zwischen fiktional und dokumentarisch zu orientieren. Die kausal-lineare Erzählung und das *continuity editing* sind Beispiele von Darstellungskonventionen, die zur hegemonialen Norm wurden und das Verständnis von Kino und Film weltweit prägten, womit andere Erscheinungsweisen nun als Abweichungen von diesem System definiert wurden.

[82] Elsaesser (in Blümlinger 1997: 571) bestimmt im Gespräch mit Blümlinger das Imaginäre sowohl als „Ängste, Befürchtungen, Phantasien, die die Menschen in diesem Jahrhundert herumgetragen" haben, aber auch als Möglichkeit, „dass sich in den Filmen etwas erhalten hat, was nie eingelöst worden ist: Hoffnungen, Utopien, ein anderes Verhältnis zum Körper, zum Anderen und zu den Gegenständen, wenn wir an das Musical oder den Revuefilm, aber auch an den ‚Naturfilm' oder ‚Tierfilme' denken. Diese Dimension, diesen ‚Rest' auf den erkenntnisphilosophischen Punkt zu bringen ist nicht so einfach".

auch zum medialen Ereignis macht. In *The Film of Her* erscheinen die Fragmente nicht als Spuren eines Ereignisses, sondern als selbstreferentielle Spuren oder Objekte und die gezeigte Verlebendigung der Bilder betont den medialen Ereignischarakter. Morrison thematisiert die Aufladung des Bildes durch den Betrachter und stellt damit die Ikonizität und die imaginären Komponenten bewusst aus.

Die neue Filmgeschichte

Mit der Aufnahme von Fragmenten des frühen Kinos verweist Morrison auf eine Ästhetik, die, als primitiver Vorläufer des Erzählkinos bewertet, jahrelang kaum Gegenstand der Filmgeschichtsforschung war. Ähnlich wie die sich oft auch bewusst abgrenzende Avantgarde, die in der Kunstgeschichte ihre eigene Historiographie erfuhr (vgl. Jutz 2010), wurden die frühen Filme an den Massstäben des hegemonialen Illusionskinos gemessen: „The history of early cinema, like the history of cinema generally, has been written and theorized under the hegemony of narrative films" (Gunning 1990: 56). Erst spät erfuhr die Ästhetik des frühen Films eine Neubewertung, die zu einem Paradigmenwechsel in der Filmgeschichtsschreibung, zur Neuen Filmgeschichte (*New Film History*), führte. Elsaesser streicht die Bedeutung der Avantgarde bezüglich der Wiederentdeckung des frühen Kinos in den späten 1970er Jahren heraus. Die Suche nach nicht-klassischen Seh- und Darstellungskonventionen öffnete den Blick für andere Formen von Film:

> Es waren nicht in erster Linie Historiker, sondern [...] Vertreter der amerikanischen und kanadischen Avantgarde der 60er Jahre, die das frühe Kino wieder entdeckten. [...] [Sie befreiten] uns nicht nur von der Vorstellung, die Pioniere der ersten Stunde seien primitiv gewesen [...]. Sie bereiteten damit auch den Weg für die Akzeptanz ihrer eigenen nicht-klassischen Praktiken und legten sich so eine Tradition zu. Dass sie willens waren, sich die Entwicklung des Kinos ganz anders vorzustellen, war imponierend, und es war ihre unkonventionelle und dennoch scharfsichtige Art, altbekannte Lumière-Filme wie *Arbeiter verlassen die Fabrik, Abriss einer Mauer, Einfahrt eines Zuges* und *Die Kartenspieler* auf deren formale Geschlossenheit und metafilmische Struktur hin neu zu lesen, die diese Filme ungeheuer modern machten (Elsaesser 2002: 57).[83]

---

[83] Ein Interesse der Avantgarde am frühem Kino konstatiert auch Gunning (1990: 56) in der Suche nach filmischen Ausdrucksmitteln, die sich nicht bereits etablierten, der Literatur angelehnten ästhetischen Ausdruckformen unterwerfen, sondern das Spezifische des filmischen Bildes,

Die Ästhetik des frühen Kinos wurde neu formuliert und bewertet.[84] Nicht länger als primitiv und mangelhaft begriffen, werden die gestisch-theatralen und performativen Formen nun als eigenständige Erscheinungsweisen dem narrativen, transparent-illusionistischen Kino gegenübergestellt: „Filmhistoriker sprechen deshalb auch beim frühen Film von einem Kino des ‚Zeigens' (showing) und beim klassischen von einem Kino des ‚Erzählens' (telling). Noël Burch sprach von einer ‚präsentierenden' und einer ‚repräsentierenden' Modalität" (Elsaesser 2002: 74). Diese Differenzen werden besonders deutlich in dem von Elsaesser (vgl. ebd. 79–80) erwähnten Beispiel des Filmes *Life of an American Fireman* (1903), der, lange gerühmt als besonders modernes Beispiel der Parallelmontage und des klassischen *continuity editing*, in den 1930er Jahren von einem Kurator des Museum of Modern Art in New York ummontiert worden war. „Einstellungen, die ihm für das Verständnis der Handlung überflüssig erschienen – weil sie die gleiche Handlung zweimal zeigten, einmal von innen und dann noch einmal von außen –", waren eliminiert worden, um den Film als Pionierwerk einer linearen Entwicklung des Erzählkinos zu etablieren (ebd. 79). Erst die ursprüngliche Version revidierte diese Einschätzung. Die in den 1970er Jahren wiederaufgefundene Kopie konzentriert sich weniger darauf, die Geschichte in einem kontinuierlichen Ablauf und einem geschlossenen Modus zu erzählen. Vielmehr präsentiert sie die Handlung nach dem Prinzip der kommentierten Wiederholung der Höhepunkte, eine Darstellungsweise, die einem heutigen Betrachter dank Sehgewohnheiten des Fernsehens wieder vertraut und verständlich ist.[85]

---

dessen Sichtbarkeit, den Akt des Zeigens und Ausstellens sowie auch dessen Rezeption erforschen.

[84] Diese Neubewertung ist eng mit Fragen der Archivierung verknüpft (Elsaesser, in Blümlinger 1997: 568). Der schlechte Zustand bestimmter Kopien forderte rasches Handeln und führte 1978 zu einem gemeinsamen Kongress der FIAF (Fédérations Internationales des Archives du Film) mit Filmhistorikern, an welchem neue Kriterien zur Erhaltung der Filme ausgearbeitet werden sollten, die sich nicht länger alleine am Massstab der künstlerischen Bewertung orientieren konnten. In Folge des Kongresses in den 1970er Jahren prägten die Arbeiten von Thomas Elsaesser, Tom Gunning, Noël Burch u.a. diese Neubewertung. Zur neuen Filmgeschichte siehe die Bibliografie in Elsaesser 2002, ebd. 20–46 und Kusters 1996.

[85] Die Verknüpfung der Akte und Ergänzungen zur Erzählung wurde dabei oft von einem anwesenden Erzähler oder Programmierer beigesteuert, damit und mit Musikbegleitung war das frühe Kino durchaus nicht stumm, wie lange angenommen wurde (vgl. Elsaesser 2002: 77).

Wie bereits Gunning (1990: 56–62) anmerkte, stellt die Ästhetik des frühen Kinos mehr zur Schau, als dass sie repräsentiert. Sie ist performatives Spektakel, das nicht auf die Unterscheidung von fiktionalen und nichtfiktionalen Formen zielt, sondern einem Publikum lustvoll Akte präsentiert, durchaus im Wissen um und mit einer Faszination für dessen illusionistische Wirkungen: „Theatrical display dominates over narrative absorption, emphasizing the direct stimulation of shock or surprise at the expense of unfolding a story or creating a diegetic universe" (Gunning 1990: 59). Die Darstellungsweisen beziehen sich auf damals etablierte Unterhaltungsformen wie Jahrmarkt- oder Varietéattraktionen, auf Gags und Sketches und lehnen sich an Sehgewohnheiten an, wie sie etwa mit der Camera Obscura entwickelt wurden.[86]

Solche differente Darstellungs- und Rezeptionsmodi implizieren ein verändertes Verhältnis zum Zuschauer. Das sich ab den 1910er Jahren ausbildende narrative Kino, das anhand eines kontinuierlichen, kausallogischen Erzählstrangs eine geschlossene Diegese aufbaut und den Zuschauer voyeuristisch einen Handlungsablauf mitverfolgen, ihn illusionistisch ins Geschehen eintauchen lässt, ist ein spezifischer, historisch ausgebildeter Modus von Film und Betrachter. Dessen Rezeptionsformen – „in Andacht, Stille und Konzentration" – sind nicht natürlich gegeben (Elsaesser 2002: 71). Vielmehr sind sie angelernt und „eng verbunden mit der Filmsprache und der Filmform, die wir die Hollywood-Norm zu nennen gewohnt sind, die wiederum ohne die industrielle Organisation, die wir Filmwirtschaft nennen, kaum entstanden wäre" (ebd. 71). Das frühe Kino ist ein exhibitionistisches Kino. Die Darsteller präsentieren und zeigen sich, der Schauspieler schaut zurück auf den Zuschauer, er sieht ihn an, lächelt ihm zu, verbeugt sich. Wie Elsaesser (vgl. 2002: 78–79) am Beispiel des konspirativen Blickes in die Kamera zeigt, beruht die Interaktion zwischen Personen auf der Leinwand und dem Publikum im frühen Kino mehr auf dem bewussten, lustbetonten Exhibitionismus der Schauspieler und weniger wie im klassischen Kino auf dem Voyeurismus der Zuschauer. An diesen Ausdrucksformen, die auch in den in *The Film of Her* verwendeten Fragmenten zu beobachten sind, zeigt Elsaesser (ebd. 69–93) die verschiedenen Ästhetiken des

[86] Die Erfindung des Films situiert Elsaesser (2002: 22–23) innerhalb von Untersuchungen von Zeit, Raum und Bewegung, die keinesfalls linear auf die Erfindung des Films zielten und noch weniger auf die Entwicklung des narrativen Films.

frühen Films und des Erzählkinos auf (vgl. F: 61). Diese Formen beruhen auf einem anderen Verhältnis zum Zuschauer: Während die direkte Zuwendung zum Zuschauer im narrativen Kino oft als selbstreflexiver Bruch mit der filmischen Diegese gedeutet wird, etabliert der frühe Film keine illusionistische imaginäre Filmwelt. Sinnesreizung oder Wahrnehmungslenkung sollen den Zuschauer an die Leinwand binden. Es wird versucht, die beiden als gegensätzlich konstituierten Räume, den Bild- und den Projektionsraum, eng aufeinander zu beziehen (vgl. Elsaesser 2002: 75). Um das im Saal vorgestellte Kollektiv direkt anzusprechen, verfallen die Protagonisten „auf Stil- und Darstellungsmittel des Performativen“ (Elsaesser 2002: 80). Nicht Psychologisierung, Einfühlung und rascher Handlungsverlauf fesseln den Betrachter ans Bild, sondern „Zurückblicken“ und direktes Ansprechen.

Die Anerkennung der eigenständigen Ästhetik des frühen Films und das neu beschriebene Verhältnis zum später ausgebildeten narrativen Kino, das nun nicht länger als Formvollendung früherer Ausdrucksweisen begriffen wird, sind bedeutend. Diese zwei Darstellungsmodi und Rezeptionsformen stehen sich jedoch nicht diametral gegenüber. Die Ästhetik des frühen Films wurde nicht aufgegeben, sondern entwickelte, vom Erzählkino verdrängt, neue Erscheinungsformen: „In fact the cinema of attractions does not disappear with the dominance of narrative, but rather goes underground, both into certain avant-garde practices and as a component of narrative films, more evident in some genres (e.g. in musicals) than in others“ (Gunning 1990: 57). Wie sich im frühen Film später dominant werdende Erzählmuster zeigen, so sind auch im Verlauf der Filmgeschichte wiederholt Formen des Spektakels und kollektive Rezeptionsformen zu beobachten, etwa in den Ausdrucksweisen der hollywoodschen Blockbuster (vgl. Elsaesser 2002: 69).[87]

Wahrnehmungsprozesse

Festzustellen ist, dass die Neubewertung der frühen Filme zu einem Paradigmenwechsel führte, der nicht nur neue Perspektiven auf Untersuchungsgegenstände, sondern ebenfalls neue Forschungsbereiche eröffnete:

[87] Elsaesser (2002: 69–93) nennt den oft negativ besetzten Zuwachs an Besuchern bei Blockbustern, die, mit neuen Technologien und einem Aufbau, der sich weniger auf das Erzählen konzentriert als auf den Nervenkitzel und die audiovisuelle Überforderung, wieder Massen ins Kino locken. Das kollektive Erlebnis und eine Kommerzialisierung und Kultivierung, die den üblichen Rahmen der Vermarktung übersteigt, sind weitere Merkmale dieser Formen.

„Der gemeinsame Impuls war zu sagen, wir können nicht Filmgeschichte schreiben, ohne Kinogeschichte zu betreiben" (Elsaesser, in Blümlinger 1997: 573). Dieser Paradigmenwechsel erweiterte das Verständnis für die verschiedenen Phänomene von Film und Kino und führte zur Gründung mittlerweile etablierter Kinogeschichten, wie etwa einer Technologie-, Rezeptions- oder Publikumsgeschichte.[88]

In Bezug auf *The Film of Her* soll hier abschliessend danach gefragt werden, inwiefern Morrison Kinogeschichte im Sinne der neuen Filmgeschichte betreibt und dabei die Ästhetik des frühen Films fruchtbar macht für das in diesen Ausführungen skizzierte Verständnis von Film.

Wie bereits ausgeführt wurde, fungieren die Bilder bei Morrison lediglich in einem narrativen Sinnzusammenhang als Dokumente. Die Offenlegung der Konstruktion und ihre unübersehbare Heterogenität bewirken einen Entzug der ausserfilmischen Referenz. Die Fragmente verweisen auf sich selbst, auf ihre Materialität und gehen Beziehungen zu anderen Objekten ein. Durch die Aneignung unterschiedlicher Darstellungsweisen und die Parallelisierung derselben wird der für ein Massenpublikum industriell produzierte Film als eine bestimmte Erscheinungsweise in eine von vielen eingereiht. Das Verständnis von Film, das artikuliert wird, ist eng an dessen Materialität und Erscheinungsweise gekoppelt. So rückt Morrison Produktions-, Überlieferungsprozesse und Existenzweisen ins Blickfeld – durch das Zeigen der Herstellung, der Bewahrung, der Projektion, konkret etwa der Stehkader und der einzelnen Filmstreifen. Materialität wird sichtbar gemacht, aber auch Projektionsapparate und deren Funktionsweisen, wenn ein Filmstreifen langsam durch einen Projektor gezogen wird (vgl. F: 65). Als Teil einer Technologiegeschichte verweisen solche Einstellungen auch auf die frühen Jahre des

88 „Alles, was die spätere Filmgeschichte fein säuberlich getrennt hatte, erwies sich als unhaltbar, angesichts des Materials der frühen Filmgeschichte" (Elsaesser, in Blümlinger 1997: 569). Die Beschäftigung mit den frühen Filmen stellte etwa die bis dahin erhaltene Unterscheidung von Lumière als erstem Dokumentaristen und Méliès als erstem fiktiven Erzähler, d.h. die Dichotomie von dokumentarischen beziehungsweise fiktionalen Formen in Frage – und damit auch eine Geschichtsschreibung sowohl des dokumentarischen als auch des narrativen Films. Diese Diskussionen öffneten die Forschung für kultur- und sozialgeschichtliche Fragen und empirische Untersuchungen, die nun vermehrt den Zuschauer und dessen Wahrnehmungs- und Rezeptionsverhalten in den Fokus rückte, aber auch für weitere Forschungszweige, wie etwa die oben erwähnte Technologiegeschichte (vgl. ebd. 569). Dieser Paradigmenwechsel der späten 1970er Jahre stellt in der Filmgeschichte einen markanten Wechsel und eine Öffnung dar.

Kinos, in denen der Apparat selbst und die Technologien Attraktion waren.[89] So macht Morrison Technologiegeschichte zu einem immanenten Teil seines Kurzfilms. Die Existenz- und Überlieferungsweisen von Film und eine historisch wandelbare Bewertung und Rezeption zeigen sich in den Praktiken des Archivs. Am wichtigsten jedoch werden in *The Film of Her* der Moment der Verlebendigung in der Projektion und der Akt der Wahrnehmung durch einen Betrachter. Dieser Prozess ist ein reziproker Prozess: Nach Morsch (2007: 43) wird das Wahrgenommene durch den Wahrnehmenden animiert und umgekehrt der Wahrnehmende durch das Wahrgenommene. Wahrnehmung ist ein Ereignis zwischen Bestimmen und Bestimmt-werden, Handeln und Erleiden (vgl. ebd. 44). Damit sei hier nochmals auf die Gegenüberstellung von Bild und Auge verwiesen (F: 61). Hauptsächlich aber ist es das Erleben des „Bildes von ihr" durch den Protagonisten, das die Referenz der Bilder hinter der Betonung des Ereignischarakters derselben zurücktreten lässt. Das Bild der Frau ist nur noch mediales Ereignis, es ist ein imaginäres, durch den Betrachter aufgeladenes Bild. In der Bearbeitung ist der narrative Kontext dieses Filmfragments aufgehoben. Die Zwischentitel dieses Fragments erscheinen nur noch so kurz, dass sie nicht mehr lesbar sind. Die Elemente, die einen narrativen Sinngehalt stiften könnten, wurden entfernt. In den Vordergrund tritt der Körper der Frau, der Blick, ihre Bewegungen, ein lustvolles Zurschaustellen, das durch die Zeitraffer zusätzlich verstärkt wird.

Durch die Thematisierung der Wahrnehmung und auch durch die Verdoppelung der Protagonisten – nicht nur der Buchhalter, auch die Filme sind Protagonisten – bringt Morrison die Grundelemente des Films zusammen: Film ist an Wahrnehmung und damit an einen Betrachter gekoppelt, in einem Raum, in dem diese aufeinandertreffen und sich eine Wechselbeziehung ergibt. Der Zuschauer- und der Leinwandraum stehen in der Geschichte des Kinos in einem dynamischen Verhältnis zueinander (Elsaesser 2002: 11). In der Erzählung orientiert sich Morrison am narrativen Kino, das den Zuschauer voyeuristisch teilnehmen lässt.

In der Betrachtung des erotischen Films lehnt er jedoch das Verhältnis von Betrachter und Film der Ästhetik des frühen Films an. Die Frau wendet sich mit ihrem Blick direkt an den Protagonisten (F: 58). Nicht Repräsentation wird suggeriert, sondern zwischen Betrachter und Bild wird eine Beziehung hergestellt,

---

[89] Was sich später durchaus wiederholte, etwa durch neuartige Tontechnologien.

die auf dem Ausstellen einer Oberfläche beruht. Nicht der Eindruck von Echtheit ist es, der verführt, sondern das phantasmatische Potential des Mediums. Performativ rücken der Ereignischarakter, die Flüchtigkeit, die Präsenzaspekte in den Vordergrund. Erscheinendes ist an Wahrnehmungsvorgänge und somit an einen Betrachter gebunden.[90] Performative Formen beruhen nicht länger auf einem ausserfilmischen Signifikat. Im Spannungsverhältnis zwischen Ereignis und Wahrnehmung wird das Evozierte auf eine Weise rezipiert, „welche die Symbolizität und Ausdruckseigenschaften" des Hervorgebrachten überschreitet (Krämer 2004: 21).

[90] Morrison thematisiert dies explizit durch das Zeigen eines fallenden Baumes (dessen Abbildung narrativ in die Herstellungsprozesse von Papier eingebunden ist) und den Kommentar des Protagonisten: „If a tree falls in the wood, and nobody is there to hear it, does it really make a sound?" (F: 56).

6 Erinnerungsbilder zwischen Spur und Ereignis

Auf der Suche nach Erinnerung oder nach Geschichte sind wir an Mediales und an Überliefertes gebunden. Nur anhand dieser Vermittlung wird Wissen möglich. Bilder liefern jedoch keine exakte, bloss zu entschlüsselnde Erkenntnis. Sie entstehen und existieren in einem Konglomerat verschiedener Realitätsbezüge, die in immer wieder neuen Konstellationen Bedeutungen evozieren. In der vorliegenden Studie wurde versucht, solche Bezüge und Bedeutungen aufzuzeigen. Als Untersuchungsgegenstand dienten drei Found-Footage- oder Archivkunstfilme, die ihre Bilder kritisch und selbstreflexiv bearbeiten. Ein solch selbstreflexiver Umgang impliziert eine Auseinandersetzung mit Gattungskonventionen und kodifizierten Ausdrucksweisen, damit verknüpft ist eine Reflexion der spezifisch filmischen Repräsentationsmöglichkeiten. Wenn auch die im Dokumentarfilm herkömmliche Praxis, das Bild als Dokument einzusetzen, weitgehend verworfen wird, werden dennoch mit dem Versuch anhand der Montage die Bilder als Monumente neu zu perspektivieren, Aspekte herausgearbeitet, die versuchen, Erkenntnis und Wissen zu ermöglichen. Der bei Foucault entlehnte Begriff des Monuments als Kategorie der Betrachtung entziffert Quellen nicht länger als Dokumente oder Spuren hinsichtlich einer verborgenen, bloss freizulegenden Aussage, sondern untersucht ihre Erscheinungsweise, ihre Form und setzt sie zu anderen Quellen in Beziehung (vgl. Foucault 1981: 14–15). Damit wird ein Verständnis des Spur- und Ereignisbegriffs ermöglicht, der Quellen nicht länger als Spuren bestimmter historischer Ereignisse versteht. Vielmehr sind Quellen in einem übertragenen Verständnis gleichzeitig Spuren von Einschreibungen und Aufladungen und in ihrer spezifischen medialen Existenz und Aufführung Ereignisse, die ihrerseits auf die Wahrnehmung und die Konstruktion der Realität einwirken.

Um diese Existenzweise von Film als Spur und Ereignis zu beschreiben, habe ich auf verschiedene Begrifflichkeiten zurückgegriffen: Das „Vor“ und die ausserfilmische Referenz benennen gegenüber der Wirkung oder des „Nach“ eher den Moment der Entstehung. In diesem Moment der Entstehung vollziehen sich Einschreibungen ins Bild. Darunter verstehe ich nicht nur das konkret Abgebildete. In die Bilder schreiben sich auch Darstellungskonventionen sowie ideologische und diskursive Positionen ein. Ein konstruktivistisches Verständnis geht davon aus, dass das in den Bildern Festgehaltene kodifiziert dargestellt ist und keinen Beleg der Wahrheit darstellt. Die ausserfilmische Referenz und damit auch die historiografische Ereignis-Aussage des Dokuments werden in den drei Filmen relativiert oder aufgehoben: Es ist nichts hinter dem Bild, worauf es direkt verweist, und das Bild stellt keine Spur dar, die zu einem authentischen Ursprung führt. Dennoch halten diese Filmemachenden an den darstellenden Bildern fest. Diese Überreste bleiben der einzige Zugang zu einer verschütteten Vergangenheit, die nie vollständig rekonstruierbar oder als ganze und vollständige Erzählung zugänglich wird. In der Form der Bilder, in den Einschreibungen scheint ein Moment der Wahrheit zu sein, das etwas aussagen kann über das Denken, welches das Erscheinende strukturiert hat. Der hier verwendete bei Ruchatz (2004: 89–92) entlehnte Begriff der Spur bezeichnet keine direkte Verbindung zum Abgebildeten, sondern einen ungenauen und unbestimmten Bezug zu einer vormaligen Zeit. In den Lektüren der Sichtbarmachung wird deutlich, dass die Bilder auf verschiedenen Ebenen als Spuren fungieren können: Wie sie auf den Akt der Erstellung und die dabei erfolgten Einschreibungen zurückweisen, so sind sie selbst auch eingebunden in Deutungsprozesse oder später erfolgte diskursive Aufladungen. Bei der Deutung dieser Spuren durch Neukontextualisierung und Transformation werden anhand von externem Wissen Aussagen erzeugt, die keine ursprünglich-authentischen Aussagen, sondern Ergebnisse von Lektüreprozessen sind. Die Bearbeitungen in den drei hier betrachteten Filmen versuchen anhand einer „Reinszenierung" und „Resignifizierung", die durch die Montage und durch die Kontrastierung der Bilder mit Sprache und Musik erfolgt, sowohl die bei der Erstellung erfolgten Einschreibungen als auch die erfahrene Rezeptionsgeschichte sichtbar zu machen (Butler 2006: 28–31). In diesen Begriffen Butlers schwingt das Bewusstsein der Prozesshaftigkeit und der Transformation des Wirklichen durch das Erscheinende ebenfalls mit. Das erneute Zeigen der Bilder bricht mit der vormaligen Bedeutung, löscht diese jedoch nicht aus, sondern versucht, sie zu integrieren und sichtbar zu machen. Die Neudeutung erfolgt mit dem Wissen um das Herausbrechen aus einem bestimmten Kontext und des Einfügens in einen neuen, um Aussagen zu verändern. Die Bilder haben als Objekte ein ‚Eigenleben' erhalten und in ihrer Existenz eine Einsatz- und Deutungsgeschichte erfahren. Ihr Erscheinen und Auftreten in historisch wandelbaren Konstellationen verändert ihre Aussage, denn sie werden mit bestimmten politischen oder ideologischen Positionen aufgeladen und entfalten in dieser singulären Konstellation eine Wirkung. Die Bilder sind nicht Spiegel einer bestimmten Wirklichkeit, in der sie erschaffen wurden, sondern sie sind selbst Teil dieser Wirklichkeit.

Die jeweilige Lesbarmachung ist eine mögliche Aktualisierung der Bilder. Diese verdeutlicht, wie konstitutiv das Moment der Lektüre und der Konstellation wird, wenn man die Tatsache akzeptiert, das Bilder in ihrer Existenz als offen und rätselhaft, stumm und überdeterminiert, keine bestimmte, bereits festgelegte, sondern viele Aussagen haben. Die Lektüre der Betrachtenden gewinnt damit an Bedeutung und veranlasst dazu, die Prozesse der Bedeutungszuschreibungen genauer zu analysieren.

In diesen Lektüren sollen Aufladungen und Einschreibungen der Bilder sichtbar werden. Die Arbeiten bleiben dabei ganz nahe an den Bildern. Mit dem Ton, dessen Einsatz selbstreflexiv das Verhältnis von Bild und Ton auslotet, werden neue Komponenten hinzugefügt, ansonsten dienen die Oberfläche, das Vorhandene und das Präsente als Ausgangspunkte. Die Betrachtung der Bilder als Monumente nimmt diese Oberfläche, das Erscheinende in den Blick. Hinsichtlich der spezifischen medialen Erscheinung von Film habe ich diese Oberflächenphänomene anhand von bild- und medientheoretischen Konzeptionen beschrieben. Was Ruchatz (2004: 89) mit dem Begriff der „Einspeicherung" in fotografischen Abbildungen festhält, Arnold (in MacDonald 1995: 287) in „Einschreibungen" in Filmkader beobachtet und Barthes (1989: 35; 1990: 49) in seiner Lektüre von Bildern mit dem „punctum" oder dem „stumpfen Sinn" beschreibt, sind Aspekte des Monuments. Diese theoretischen Begriffe betrachten und untersuchen das Erscheinende hinsichtlich seines Erinnerungs- und Gedächtnispotentials. Sie versuchen das genuin Filmische zu erfassen und beobachten dabei einen Überschuss der Bilder, der keinen Intentionen der Produzierenden entspricht. Das Moment des Erkennens dieses Überschusses kann ein möglicher Anstoss für die Arbeit mit Found-Footage sein. Wie Barthes (1990: 48, 54) bezüglich des stumpfen Sinns festhält, bildet der filmische Signifikant etwas Zusätzliches ab, was nicht mehr die Erzählebene und die symbolischen Aussagen betrifft. Sich ausserhalb der Diegese befindend, geht dieses Zusätzliche und Unvorhergesehene über die ursprüngliche Bedeutung der Bilder hinaus.

Die unintendierten Komponenten eines Mediums bezeichnet Krämer (1998: 79) nun gerade mit dem Begriff der Spur:[91] In der medialen Dimension von Zeichenprozessen rückt etwas in den Blick, was den intendierten Sinn und die konventionalisierte Bedeutung der Zeichen übersteigt: „Die Prägekraft eines Mediums [...] entfaltet sich in der Dimension einer Bedeutsamkeit jenseits der Strukturen einer konventionalisierten Semantik". Es ist die Materialität des Mediums, die einen Überschuss an Sinn produziert, einen Mehrwert an Bedeutung, „der von den Zeichenbenutzern keineswegs intendiert und ihrer Kontrolle auch gar nicht unterworfen ist" (ebd. 79). Spuren unterscheiden sich von Zeichen, da sie beiläufig entstanden sind. Der Film transportiert nicht nur Bedeutung, indem er Erinnerungstexte speichert und einer Gemeinschaft verfügbar macht, sondern er erzeugt Bedeutung mit, da er als Medium die Inhalte gestaltet. Dieser Überschuss und der im Vollzug erzeugte Mehrwert der Bedeutung, der unintendiert und unkontrolliert hervorgebracht wird, werden in der Neukonstellation sichtbar gemacht.

Der Status der aufgenommenen Bilder ist in den drei diskutierten Filmen nicht derselbe. Im Gegensatz zu den bei Ponger und Morrison verwendeten Filmen verlangen ethische Ansprüche einen anderen Umgang mit historischen Quellen, wie sie die Westerbork-Fragmente in *Aufschub* darstellen. Diese sind Überreste eines Ereignisses, dessen Erinnerung und Aufarbeitung politische und gesellschaftliche Pflicht ist, und in deren Bearbeitung daher eine Dimension des Dokumentes bewahrt bleibt. Im Wissen um die Ungenauigkeit der Bilder und ihre Vorgeformtheit, die hier gekennzeichnet ist durch die im Dunkeln bleibenden Intentionen der Produzierenden (wer bestimmte, was und wie abgebildet wurde? Für wen wurden die Bilder produziert?), besteht Farocki darauf, dass der Film aus Westerbork uns ein Wissen über diese Zeit vermitteln kann. Das unheimliche und verstörende Moment dieser Bilder beruht hier auf dem geschichtlichen Wissen des Zuschauers. An die ins kollektive Bildgedächtnis eingegangenen Fotografien aus den Vernichtungslagern des Dritten Reiches – die Ikonen des Entsetzens – erinnert Farocki, wenn er sie in

[91] „Die sinnprägende Rolle von Medien muss also nach dem Modell der Spur eines Abwesenden gedacht werden; so rückt in den Blick, warum die Bedeutung von Medien gewöhnlich verborgen bleibt. *Das Medium ist nicht einfach die Botschaft; vielmehr bewahrt sich an der Botschaft die Spur des Mediums*" (Krämer 1998: 81; Hervorhebung i.O.).

den Zwischentiteln erwähnt (A: 27–28). Diese Bilder, die selbst nicht gezeigt werden, da sie in ihrer Grauenhaftigkeit ein annäherndes Wissen verhindern, schichten sich als imaginäre über die Aufnahmen aus Westerbork. Farockis Bearbeitung ist ein Versuch, dem Grauenhaften und Unheimlichen durch genaues Hinsehen zu begegnen, mit ihm umzugehen und es zu benennen. Unheimlich erscheint in den bei ihm gezeigten Fragmenten auch die Normalität des Abgebildeten, denn die Bilder zeigen nicht Tod und Vernichtung, sondern scheinbar alltägliche Handlungen. Gerade deswegen plädiert Farocki dafür, dass diese Bilder etwas bezeugen, das wie die Abbildungen aus anderen Konzentrationslagern zur Geschichte der Shoah gehört. Damit greift er in einen Erinnerungsdiskurs ein, in dem die Bilder längst zu eigenständigen Objekten geworden sind, die losgelöst vom Ereignis, eine eigene Geschichte und eigene Bezüge erfahren haben.

Kontexte der Bilder zeigen sich nicht nur hinsichtlich der Ikonen des Grauens, sondern auch in Kontinuitäten der Darstellung. Dies hält der Historiker Raul Hilberg (2002: 57) fest: „Die Struktur der Quellen ist eine Art organisierter Raum [...]. In jedem Fall waren die Modi und Merkmale der Komposition lange vor der NS-Zeit verankert. Sie hatten sich in unzähligen Nachbildungen verfestigt und wurden wie ein Vermächtnis für einen neuen Zweck in Gebrauch genommen." Die Aufnahmen reihen sich in eine Geschichte der Bilder ein, in der sich das Banale und das Schreckliche unlösbar verknüpfen. Auf entstehungsgeschichtliche Kontinuitäten verweist auch Jean-Luc Godard in seinen *Histoire(s) du Cinéma*, wenn er in deren ersten Teil *Toutes les histoires* auf das Bild eines KZ-Insassen ein Bild von Liz Taylor folgen lässt – die beiden Aufnahmen wurden von demselben Kameramann aufgenommen.

Ich greife auf das Beispiel aus *Histoire(s) du Cinéma* zurück, da Godard expliziter kontextuelle Bedeutungen betont.[92] Wenn Godard diese Bilder verbindet,

---

[92] Kontinuitäten der Darstellung benennt Farocki im Interview mit Reinecke/Semler: „‚Aufschub' versucht die Bilder zu lesen. Die Aufnahmen der Feldarbeit sehen fast so aus wie in zionistischer oder kommunistischer Propaganda ..." „Ja, auf diesen Zusammenhang weise ich im Kommentar auf einer Schrifttafel hin. Eine Szene zeigt Frauen, die Ziegelsteine entladen – gefilmt aus Untersicht und gezeigt in Zeitlupe. Die Untersicht zielt auf eine Pathetisierung von Arbeit. Solche Bilder gibt es auch im zionistischen und kommunistischen Film. Es gibt sie bei Leni Riefenstahl und Vertov. Und auch im Film des New Deal, etwa bei Frank Capra" (Farocki, in: Reinecke/Semler 2007: 1).

so konstatiert er Gemeinsamkeiten der beiden, ohne diese gleichzusetzen. Wenn die Shoah in der Grauenhaftigkeit ihres Ausmasses unbestritten ein singuläres Ereignis ist, so wird dieses bei Farocki, Godard und Hilberg dennoch nicht als etwas unfassbar Anderes distanziert, sondern zu etwas Realem und Wirklichem gemacht, das zu anderen historisch Begebenheiten sowohl Kontinuitäten als auch Diskontinuitäten aufweist.

Die Bedeutung des Gezeigten entsteht folglich in einer Montage der „Kollision", in der Differenz (Scherer 2001: 81). Das von Didi-Huberman (2007: 56) als „zweifache Ordnung" bezeichnete Wesen der Fotografie bewirkt, dass ihnen, da sie gleichzeitig überwältigen, aber auch ungenau sind, entweder zuviel oder zu wenig zugetraut wird. In einer dialektischen Annäherung bestimmt die Montage in *Aufschub* die Lektüre der Bilder und versucht durch Kontextualisierung bestimmte Aussagen sichtbarer zu machen, ohne den Bildern ihre Mehrdeutigkeit und Unbestimmtheit zu nehmen. Kollisionen entstehen auch zwischen Bild und Sprache. Die Sprache, expliziter und konkreter, überwältigt den Zuschauer weniger massiv als das Bild (so wird etwa in *Aufschub* Auschwitz zwar genannt, aber nicht gezeigt). Sprache kann Bilder auf eine Bedeutung festlegen und andere Lektüren verhindern. Die drei Filme versuchen auch hier ein Moment der Offenheit zuzulassen. Die sprachlichen Einschübe in *Aufschub* legen einerseits Ereignis-Aussagen der Bilder fest, denn Farocki besteht auf der Notwendigkeit der Repräsentation. Andererseits dienen sie einer Öffnung des Blicks, wenn sie auf Details, auf Nicht-Sichtbares, auf Verstörendes verweisen und dieses nicht in ein homogenes Ganzes einfügen. Ähnlich lässt auch die Wiederholung bestimmter Sequenzen und das lange Zeigen von einzelnen Aufnahmen dem Zuschauer Zeit und Raum das Gesehene zu reflektieren. Im Sinne einer vertikalen Montage können imaginäre „Schichtungen" entstehen (Scherer 2001: 76). Neukontextualisierungen bewirken eine Überlagerung der verschiedenen Bedeutungsebenen und evozieren so das Abwesende der Bilder, das Nicht-Darstellbare.

Bild und Ton verschmelzen in *Passagen* nicht in einer homogenen Einheit, sondern bilden eine unüberbrückbare Kluft. Die Filme, die Ponger sich aneignet, dienten wohl ursprünglich als individuelle Erinnerungsbilder der Evokation einer gemeinsamen Vergangenheit, ihre Lektüre war emotional bestimmt. Nun jedoch sind es keine Projektionsflächen mehr, die ein Betrachter mit individuellen Bezügen und Erinnerungen auffüllt. Die ursprüngliche Funktion der Bilder wendet sich in ihr

Gegenteil. In einer Konstellation von Bild und Ton, in der diese, voneinander losgelöst nur noch zufällig korrespondieren, stehen die Bilder für eine undarstellbare Geschichte von Flucht, Exil und Verlust. Mit dieser Kollisionsmontage verweist Ponger auf die Unmöglichkeit des Abbildens von traumatischen Ereignissen und zeichnet ein zutiefst melancholisches Geschichtsbild von verstrickten Zusammenhängen und Orten der Zerstörung. Auch die scheinbar unberührten, in den privaten Reisefilmen abgebildeten Räume werden zu traumatischen Räumen.

Die Bilder sind keine Dokumente mehr, keine Spuren eines bestimmten Ereignisses. Sie stehen für die Unmöglichkeit der Repräsentation traumatischer Erlebnisse, verweisen als Monumente aber auch auf ihre spezifisch mediale Existenz. Es eröffnet sich ein Feld von differentiellen Spuren, die durchaus auf den Moment der Entstehung zurückweisen. Ponger diskutiert die Ästhetik des Reisefilms. Diesen verstehe ich in Anlehnung an Deeken (2007: 42–60) als eine Form der Aneignung des Fremden, das im Akt der Bilderzeugung zum Objekt gemacht wird und keine Möglichkeit zur eigenen Artikulation erhält. Ponger reflektiert nicht nur die Unmöglichkeit der Repräsentation traumatischer Erfahrungen, sondern sie macht sowohl imaginäre Gehalte von Dokumenten als auch Vernetzungen, die sich in der Oberfläche von Bildern zeigen, bewusst. Dies wird besonders deutlich in den inszenierten Fotografien und Selbstporträts der Künstlerin, in denen sie bestimmte Ikonografien und Symboliken aufgreift, um damit auf das Eingebundensein des Subjektes in die jeweiligen kulturellen und gesellschaftlichen Kontexte zu verweisen. Die Kontextualisierung der Bilder zeigt, dass mediale Repräsentationen nie auf nur ein bestimmtes Signifikat verweisen. Bereits während des Aktes ihrer Erstellung existieren sie in einem Netz diskursiver Praktiken und Denkweisen.

Das Moment der Lektüre wird in *The Film of Her* konkret im Bild gezeigt. Der Protagonist sucht in einem für ihn bedeutsamen Bild nach der Welt seiner Kindheit, vor allem aber nach der damals zum ersten Mal erlebten Erfahrung der Wahrnehmung von Film. Er sehnt sich nach der Verlebendigung des Bildes, dessen Überlieferungsformen zuvor gezeigt wurden. Damit wird der Prozess der Wahrnehmung in den Blick genommen, der immer ein wechselseitiger ist. Im Bild ist etwas gespeichert und mortifiziert, dass durch die Verlebendigung in der Projektion wiederaufersteht. Im Moment der Wahrnehmung projiziert der Betrachter dabei etwas in das Bild zurück. Die Fragmente des „Films von Ihr“ werden zu subjektiven Erinnerungsbildern. Für uns Betrachtende sind es unbedeutende Bilder unter vielen andern, der Protagonist hingegen findet in diesen Aufnahmen ein punctum, das zwar bereits im Bild ist, er aber dennoch von außen hinzufügt. Dieser frühe Film ist Anlass der Erinnerung. In ihm ist eine Zeit gespeichert, die der Protagonist schmerzlich vermisst, die er hier vermeintlich wiederfindet und die doch immer melancholisch entrückt bleibt, da das Bild nicht konkret fassbar und die Projektion vergänglich ist. Im Akt der Verlebendigung verschmelzen die „realen" Bilder mit den mentalen Erinnerungsbildern des Protagonisten, die er dazu projiziert. In der Schnittfläche dieses Bild kumulieren die verschiedenen Zeiten.

Morrison betreibt archäologische Arbeit, wenn er verschiedene Filmfragmente und Darstellungsmodi parallelisiert und zueinander in Bezug setzt. Als Monumente verweisen bei ihm die Bilder nicht auf ein bestimmtes vormaliges Geschehen, sondern sie verweisen selbstreferentiell auf ihr eigene Existenz und werden zueinander in Beziehung gesetzt. Dabei werden zwei Ästhetiken sichtbar, die unterschiedliche Modi der Zuschaueradressierung implizieren: Das illusionistische, hegemoniale Erzählkino, das den Zuschauer das Geschehen heimlich mitverfolgen lässt, und das Kino der Attraktion, das sich performativer Ausdrucksweisen bedient und den Betrachter mit visuellen Reizen in seinen Bann zieht. *The Film of Her* bedient sich beider Modi, wenn sowohl ein narrativer Aufbau erfolgt, mit dem Fragment des erotischen Films, aber auch die sinnliche Wahrnehmung und der visuelle Reiz betont wird. Damit wird nicht mehr repräsentiert, sondern präsentiert. Während das narrative Kino symbolisch ist, Ideen verkörpert, ist das Kino der Attraktion ein Kino der Wahrnehmung. Casetti (2005: 29) betrachtet beide Ausdrucksformen als essentielle Bestandteile von Film:

> Sicher tendierte der Film im Lauf seiner Geschichte mal eher zu dieser, mal zu jener Seite. Grundsätzlich möchte er aber beide Komponenten miteinander versöhnen, sie sich ergänzen lassen. Mit einem Wort, der Film suchte zu vermitteln: Rausch und Konzept, Attraktion und Erzählung, Wahrnehmen und Verstehen.

Ein solches Kino der Attraktion lässt an eine performative Betrachtung des Gegenstands denken. Diese fokussiert auf den medialen Ereignischarakter, auf die Materialität und das Erscheinende. Eine performative Perspektive gewinnt an Bedeutung, da sie die sinnliche Qualität in den Blick nimmt: „Einer Ästhetik des Performativen geht es sowohl um die Wahrnehmung dieser sinnlichen Qualitäten als auch um die besondere Wirkung, die sie auf den Wahrnehmenden im Akt der

Wahrnehmung ausüben können" (Fischer-Lichte 2001: 142).[93] Diese performativen Komponenten wurden hier hauptsächlich in Bezug auf Morrisons Film hin betrachtet, sie sind jedoch in allen Filmen vorhanden. Film wird dort zum Ereignis, wo in der Aufführung mehr dazu kommt, die Bilder erhalten eine eigenständige Existenz. In ihrer spezifischen Existenzweise verleiht ihnen ihre Materialität einen Überschuss an Sinn. Dieser Überschuss kann anhand einer performativen Betrachtung beschrieben werde, die davon ausgeht, dass der Ereignischarakter von Bildern und Tönen an der Konstituierung der Wirklichkeit beteiligt ist.

---

[93] Das Semiotische hingegen versteht Kultur als Text. Der Gegenstand wird als ein strukturierter Zusammenhang von Zeichen entziffert, seine Strukturen werden anhand von Lektüren oder Textanalysen beschrieben und seine Subtexte dekonstruiert. Damit wird „nach den Bedingungen der Möglichkeit für die Entstehung von Bedeutung" gefragt (Fischer-Lichte 2001: 9, 20). Semiotische und performative Komponenten und Perspektiven bilden ein Wechselverhältnis. Fischer-Lichte hält fest, wie wichtig beide Perspektiven auf denselben Gegenstand sind.

7 Filmografie

A Movie, Bruce Conner, USA 1958.

Aufschub, Harun Farocki, Deutschland 2007.

Bilder der Welt und Inschrift des Krieges, Harun Farocki, Deutschland 1988.

The Film of Her, Bill Morrison, USA 1996.

Holocaust, Marvin J. Chomsky, USA 1978.

Nuit et Brouillard, Alain Resnais, Frankreich 1955.

Passagen, Lisl Ponger, Österreich 1996.

Phantom Fremdes Wien, Lisl Ponger, Österreich 1991–2004.

Schindler's list, Steven Spielberg, USA 1993.

Shoah, Claude Lanzmann, Frankreich 1985.

8 Bibliografie

Adachi-Rabe, Kayo (2005): *Abwesenheit im Film – Zur Theorie und Geschichte des hors champ*. Münster: Nodus.

Alter, Nora M. (2009): Dead Silence. In: Ehmann, Antje, Eshun, Kodwo (Hg.), *Harun Farocki. Against What? Against Whom?* London: Koenig Book, 171-178.

Assmann, Aleida (2003): *Erinnerungsräume. Formen und Wandlungen des kulturellen Gedächtnisses*. München: Beck.

Assmann, Aleida (2004): Zur Mediengeschichte des kulturellen Gedächtnisses. In: Astrid Erll/Ansgar Nünning (Hg.): *Medien des kollektiven Gedächtnisses. Konstruktivität – Historizität – Kulturspezifität*. Berlin, New York: de Gruyter, 45-60.

Assmann, Jan (1988): Kollektives Gedächtnis und kulturelle Identität. In: Jan Assmann/Tonio Hölscher (Hg.): *Kultur und Gedächtnis*. Frankfurt a. Main: Suhrkamp, 9-19.

Assmann, Jan (1997): *Das kulturelle Gedächtnis. Schrift, Erinnerung und politische Identität in frühen Hochkulturen*. München: Beck.

Aurich, Rolf/Kriest, Ulrich (Hg.) (1998): *Der Ärger mit den Bildern. Die Filme von Harun Farocki*. Konstanz: UVK Medien.

Barthes, Roland (1989): *Die helle Kammer. Bemerkungen zur Photographie*. Frankfurt a. Main: Suhrkamp. (Originalausgabe franz. 1980).

Barthes, Roland (1990): *Der entgegenkommende und der stumpfe Sinn*. Frankfurt a. Main: Suhrkamp. (Originalausgabe franz. 1982).

Benjamin, Walter (1972/1999): *Gesammelte Schriften*. Hrsg. von Rolf Tiedemann und Hermann Schweppenhäuser. Frankfurt a. Main: Suhrkamp.

Benjamin, Walter (1972/1999): Über den Begriff der Geschichte. In: Walter Benjamin: *Gesammelte Schriften*. Hrsg. von Rolf Tiedemann und Hermann Schweppenhäuser. Frankfurt a. Main: Suhrkamp, 693-704.

Blümlinger, Christa (1997): Filme Kinos Geschichten Archive Forschungen. Ein Gespräch zwischen Thomas Elsaesser und Christa Blümlinger. In: Michèle Lagny u.a. (Hg.): *Film-Geschichten*. Wien: Döcker, 567-586. [Österreichische Zeitschrift für Geschichtswissenschaft 8/1997/4].

Blümlinger, Christa (2004): Cultures de remploi – questions de cinéma. In: *Trafic Nr. 50: Qu'est-ce que le cinéma?* Paris 2004, 337-354.

Blümlinger Christa (1998): Das Imaginäre des dokumentarischen Bildes. Zu Chris Markers *Level Five*. In: *Montage/AV*, 7/2/1998, 91-104.

Blümlinger, Christa (2003): Sichtbares und Sagbares. Modalitäten historischer Diskursivität im Archivkunstfilm. In: Eva Hohenberger/Judith Keilbach: *Die Gegenwart der Vergangenheit. Dokumentarfilm, Fernsehen und Geschichte*. Berlin: Vorwerk, 82-97.

Blümlinger, Christa (2009): *Kino aus zweiter Hand. Zur Ästhetik materieller Aneignung im Film und in der Medienkunst*, Berlin: Vorwerk.

Böhme, Hartmut (2006): Kritik der Melancholie und Melancholie der Kritik. In: Margrit Frölich/Klaus Gronenborn/Karsten Visarius (Hg.): *Kunst der Schatten. Zur melancholischen Grundstimmung des Kinos*. Marburg: Schüren, 11-27.

Böser, Ursula (2006): *Memories are Made of This: Bill Morrison's The Film of Her*. In: http://sensesofcinema.com/2006/the-films-of-bill-morrison/morrison-film-of-her/ [1.12.2016].

Bonitzer, Pascal (1995): *Peinture et Cinéma. Décadrages*. Paris: Cahiers du cinéma/Editions de l'Etoile.

Brink, Cornelia (2003): Bilder vom Feind. Das Scheitern der „visuellen Entnazifizierung“ 1945. In: Sven Kramer (Hg.) (2003): *Die Shoah im Bild*. München: edition text + kritik, 51-69.

Bronfen, Elisabeth (2002): *Unheimliche Entmachtungen. Die Macht des Bildes im Erzählkino*. In: http://www.bronfen.info/writing/writing-2002/unheimliche-entmachtungen-die-macht-des-bilder-im-erzaehlkino [11.11.2016].

Büttner, Elisabeth (2004): Orte, Nichtorte, Tauschpraktiken. Die Zeit des Abgebildeten und die Zeit des Gebrauchs in Filmfragmenten und Found-Footage-Filmen. In: Christine Rüffert/ Irmbert Schenk/ Karl-Heinz Schmid/Alfred Tews (Hg.): *ZeitSprünge. Wie Filme Geschichte(n) erzählen*. Berlin: Bertz, 62-72.

Butler, Judith (2006): *Hass spricht. Zur Politik des Performativen*. Frankfurt a. Main: Suhrkamp.

Conner, Bruce (1992): Statement. In: Hausheer/Settele (Hg.): *Found Footage Film*. Luzern: VIPER/Zyklop-Verlag, 102.

Deeken, Annette (2007): Schöne Fremde. Zur Ästhetik von Reisefilmen. In: Pauleit, Winfried (Hg.): *Traveling Shots: Film als Kaleidoskop von Reiseerfahrungen*. Berlin: Bertz + Fischer.

Deleuze, Gilles (1989): *Das Bewegungs-Bild. Kino 1*. Frankfurt a. Main: Suhrkamp. (Originalausgabe franz. 1983).

Deleuze Gilles (1991): *Das Zeit-Bild. Kino 2*. Frankfurt a. Main: Suhrkamp. (Originalausgabe franz. 1985).

Didi-Huberman, Georges (2007): *Bilder trotz allem*. München: Wilhelm Fink.

Dubois, Philippe (1998): *Der fotografische Akt: Versuch über ein theoretisches Dispositiv*. Dresden: Verlag der Kunst.

Ehmann, Antje, Eshun, Kodwo (Hg.) (2009): Harun Farocki. Against What? Against Whom?, London: Koenig Book.

Ehmann, Antje (2011): Der essayistische Film – eine Abgrenzung wovon? Zur Bestimmung von Harun Farockis Aufschub. In: Kramer, Sven/Tode, Thomas (Hg.): *Der Essayfilm. Ästhetik und Aktualität*. Konstanz: UVK, 89–100.

Eisenstein, Sergej. M. (2006): *Jenseits der Einstellung. Schriften zur Filmtheorie*. Hrsg. von Felix Lenz und Helmut H. Diederichs. Frankfurt a. Main: Suhrkamp.

Elsaesser, Thomas (2002): *Filmgeschichte und frühes Kino: Archäologie eines Medienwandels*. München: edition text + kritik.

Elsaesser, Thomas, Hagener, Malte (Hg.) (2007): *Filmtheorie zur Einführung*, Hamburg: Junius.

Elsaesser, Thomas (2015): Der Vergangenheit ihre Zukunft lassen. In: González de Reufels, Delia/Greiner, Rasmus/Pauleit, Winfried (Hg.): *Film und Geschichte. Produktion und Erfahrung von Geschichte durch Bewegtbild und Ton*. Berlin 2015, 11–25.

Elsaesser, Thomas (2016): Die Geschichte, das Obsolete und der *found footage*-Film. In: Hohenberger, Eva/Mundt, Katrin (Hg.): *Ortsbestimmungen. Das Dokumentarische zwischen Kino und Kunst*. Berlin: Vorwerk 8, 135–155.

Errll, Astrid (2004): Medium des kollektiven Gedächtnisses: Ein (erinnerungs)kulturwissenschaftlicher Kompaktbegriff. In: Astrid Erll/Ansgar Nünning (Hg.): *Medien des kollektiven Gedächtnisses. Konstruktivität – Historizität – Kulturspezifität*. Berlin, New York: de Gruyter, 3-22.

Erll, Astrid (2007): Medien und Gedächtnis. Aspekte interdisziplinärer Forschung. In: Michael C. Frank/Gabriele Rippl (Hg.): *Arbeit am Gedächtnis: für Aleida Assmann*. Paderborn: Fink, 87-98.

Fahle, Oliver/Engell, Lorenz (Hg.) (1999): *Der Film bei Deleuze. Le cinéma selon Deleuze*. Weimar: Verlag der Bauhaus Universität.

Fischer-Lichte, Erika (2001): *Ästhetische Erfahrung: Das Semiotische und das Performative*. Tübingen, Basel: Francke.

Foucault, Michel (1981): *Archäologie des Wissens*. Frankfurt a. Main: Suhrkamp. (Originalausgabe franz. 1969).

Frank, Michael C./Rippl, Gabriele (2007): Arbeit am Gedächtnis. Zur Einführung. In: Ebd. (Hg.): *Arbeit am Gedächtnis: für Aleida Assmann*. Paderborn: Fink.

Frölich, Margrit/Gronenborn, Klaus/Visarius, Karsten (Hg.) (2006): *Kunst der Schatten. Zur melancholischen Grundstimmung des Kinos*. Marburg: Schüren.

Gagnebin, Jeanne Marie (2006): „Über den Begriff der Geschichte". In: Burkhardt Lindner (Hg.): *Benjamin-Handbuch. Leben – Werk – Wirkung*. Stuttgart, Weimar: Metzler.

González de Reufels, Delia, Greiner, Rasmus, Pauleit, Winfried (Hg.) (2015): *Film und Geschichte. Produktion und Erfahrung von Geschichte durch Bewegtbild und Ton*, Berlin: Bertz + Fischer.

Gunning, Tom (1990)): The Cinema of Attractions. Early Film, Its Spectator and the Avant-Garde. In: Thomas Elsaesser/Adam Barker (Hg.): *Early Cinema: space – frame – narrative*. London: BFI, 63–70.

Hausheer, Cecilia/Settele, Christoph (Hg.) (1992): *Found Footage Film*. Luzern: VIPER/Zyklop-Verlag.

Hennig, Christoph (1998): Zur Einführung: Reisen und Imagination. In: *Voyage – Jahrbuch für Reise- & Tourismusforschung. Bd. 2: Das Bild der Fremde – Reisen und Imagination*. Köln: DuMont.

Hilberg, Raul (2002): *Die Quellen des Holocaust. Entschlüsseln und Interpretieren*. Frankfurt a. Main: Fischer.

Hochleitner, Martin (2007): *Lisl Ponger. Foto- und Filmarbeiten. Photos and Films*. Hrsg. von der Landesgalerie Linz und dem Kunsthaus Dresden. Klagenfurt: Wieser.

Hochleitner, Martin (2007): Wesen, Eigenart und Bedingungen der „kunsthistorischen Atmosphäre“ in den Bilder Lisl Pongers. In: Ders. (Hg.): *Lisl Ponger. Foto- und Filmarbeiten. Photos and Films*. Hrsg. von der Landesgalerie Linz und dem Kunsthaus Dresden. Klagenfurt: Wieser, 29-37.

Hohenberger, Eva (1988): *Die Wirklichkeit des Films, Dokumentarfilm, Ethnographischer Film, Jean Rouch*. Hildesheim: Olms.

Hohenberger, Eva, Mundt, Katrin (Hg.) (2016): *Ortsbestimmungen. Das Dokumentarische zwischen Kino und Kunst*, Berlin: Vorwerk.

Horwath, Alexander/Ponger, Lisl /Schlemmer, Gottfried (Hg.) (1995): *Avantgardefilm. Österreich. 1950 bis heute*. Wien: Wespennest.

Horwath, Alexander (1995): Memories are made of this. Alexander Horwath im Gespräch mit Lisl Ponger (1889). In: Alexander Horwath/Lisl Ponger/Gottfried Schlemmer (Hg.).: *Avantgardefilm. Österreich. 1950 bis heute*. Wien: Wespennest, S. 223-234.

Huyssen, Andreas (2006): Zur Authentizität von Ruinen: Zerfallsprodukte der Moderne. In: Susanne Knaller/Harro Müller (Hg.): *Authentizität. Diskussion eines ästhetischen Begriffs*. München: Fink, 232-248.

Jutz, Gabriele (1995): Der polymorphe Raum. Lisl Pongers „Semiotic Ghosts“. In: Alexander Horwath/Lisl Ponger/Gottfried Schlemmer (Hg.).: *Avantgardefilm. Österreich. 1950 bis heute*. Wien: Wespennest, 235-243.

Jutz, Gabriele (2010): *Cinéma brut. Eine alternative Genealogie der Filmavantgarde*, Wien: Springer-Verlag.

Kaes, Anton (1985): Über den nomadischen Umgang mit der Geschichte. Aspekte zu Alexander Kluges Film „Die Patriotin“. In: Text+Kritik, Heft 85/86: *Alexander Kluge*. Hrsg. v. Heinz Ludwig Arnold. München, 132-144.

Kirchmann, Kay (2006): Bildermüll und Wiederverwertung. Eine medientheoretische Perspektive auf Formen und Funktionen des Bilderrecyclings im Found-Footage-Film. In: Thomas Koebner/Thomas Meder (Hg.): *Bildtheorie und Film*. München edition text + kritik, 497-512.

Kirchmann, Kay (1994): Zwischen Selbstreflexivität und Selbstreferentialität. Überlegungen zur Ästhetik des Selbstbezüglichen als filmischer Modernität. In: *Film und Kritik* 38/2, 23-37.

Knoch, Habbo (2003): Die Grenzen des Zeigbaren. Fotografien der NS-Verbrechen und die westdeutsche Gesellschaft 1955-1965. In: Sven Kramer (Hg.) (2003): *Die Shoah im Bild*. München: edition text + kritik, 87-116.

Koebner, Thomas/Meder, Thomas (Hg.) (2006): *Bildtheorie und Film*. München: edition text + kritik.

Kramer, Sven (Hg.) (2003): *Die Shoah im Bild*. München: edition text + kritik.

Kramer, Sven (2003): Vorwort. In: Ders. (Hg.): *Die Shoah im Bild*. München: edition text + kritik, 7-12.

Kramer, Sven (2015): Neuere Aneignungen von dokumentarischem Filmmaterial aus der Zeit der Shoah. In: In: González de Reufels, Delia/Greiner, Rasmus/Pauleit, Winfried (Hg.): *Film und Geschichte. Produktion und Erfahrung von Geschichte durch Bewegtbild und Ton*. Berlin 2015, 26–33.

Kusters, Paul (1996): New Film History. Grundzüge einer neuen Filmgeschichtswissenschaft. In: *Montage/AV*, 5/1/1996, S. 39-60.

Le Cain, Maximilian/Ronan, Barry (2006): *Trajectories of Decay: An Interview with Bill Morrison*. In: http://sensesofcinema.com/2006/the-films-of-bill-morrison/bill-morrison-interview/ [11.11.2016].

Leyda, Jay (1967): *Filme aus Filmen. Eine Studie über den Kompilationsfilm*. Berlin: Henschelverlag. (Originalausgabe engl. 1964).

Lindeperg, Sylvie (2010): *Nacht und Nebel. Ein Film in der Geschichte*, Berlin: Vorwerk.

Lindeperg, Sylvie (2009): Suspended Lives, Revenant Images. On Harun Farocki's Film Respite, in: Ehmann, Antje, Eshun, Kodwo (Hg.), *Harun Farocki. Against What? Against Whom?* London: Koenig Book, S. 28–34.

Lyotard, Jean-François (1988): Beantwortung der Frage: Was ist postmodern? In: Wolfgang Welsch (Hg.): *Wege aus der Moderne. Schlüsseltexte der Postmoderne-Diskussion*. Weinheim: VHC, 193-203.

Lyotard, Jean-François (1988): Die Moderne redigieren. In: Wolfgang Welsch (Hg.): *Wege aus der Moderne. Schlüsseltexte der Postmoderne-Diskussion*. Weinheim: VHC, 204-214.

Mennicke, Christiane (2007): Lasst tausend Blumen blühen. Lisl Ponger in Dresden. In: Martin Hochleitner (Hg.): *Lisl Ponger. Foto- und Filmarbeiten. Photos and*

Films. Hrsg. von der Landesgalerie Linz und dem Kunsthaus Dresden. Klagenfurt: Wieser, 11-13.

Merali, Shaheen (2007): Bist das noch Du? Warst du das jemals? Kannst du das jemals sein? In: Martin Hochleitner (Hg.): *Lisl Ponger. Foto- und Filmarbeiten. Photos and Films*. Hrsg. von der Landesgalerie Linz und dem Kunsthaus Dresden. Klagenfurt: Wieser, 15-28.

Meyer, F.T. (2005): *Filme über sich selbst. Strategien der Selbstreflexion im dokumentarischen Film*. Bielefeld: transcript.

Nora, Pierre (1990): *Zwischen Geschichte und Gedächtnis*. Berlin: Wagenbach. (Originalausgabe franz. 1984).

Odin, Roger (1990): Dokumentarischer Film – dokumentarisierende Lektüre. In: Christa Blümlinger (Hg.): *Sprung im Spiegel: Filmisches Wahrnehmen zwischen Fiktion und Wirklichkeit*. Wien: Sonderzahl.

Ott; Manuela (2005): *Gilles Deleuze zur Einführung*. Hamburg: Junius.

Paech, Joachim (2003): Ent/setzte Erinnerung. In: Sven Kramer (Hg.): *Die Shoah im Bild*. München: edition text + kritik, 13-30.

Pauleit, Winfried (2004): *Filmstandbilder – Passagen zwischen Kunst und Kino*. Frankfurt a. Main, Basel: Stroemfeld Verlag.

Rebhandl, Bert (2007): Exodus, Diaspora, Pauschalreise: Lisl Pongers Phantomweltbilder. In: Martin Hochleitner (Hg.): *Lisl Ponger. Foto- und Filmarbeiten. Photos and Films*. Hrsg. von der Landesgalerie Linz und dem Kunsthaus Dresden. Klagenfurt: Wieser, 39-46.

Reinecke, Stefan/Semler, Christian (2008): *„Bilder wie eine Flaschenpost"*. In: http://www.taz.de/1/archiv/digitaz/artikel/?ressort=ku&dig=2008%2F07%2F01%2Fa0138&cHash=97e547ed2f [11.11.2016]. (Interview mit Harun Farocki).

Rothschild, Thomas (2007): *Gegen das zynische Einverständnis mit dem Bestehenden. Duisburger Filmwoche 31: Das Dokumentarische, die Fiktion und die Affen. Ein Festivalbericht von Thomas Rothschild*. In: http://titelmagazin.com/artikel/17/4362/duisburger-filmwoche-31.html [1.12.2016]. (Zu Harun Farocki u.a.).

Ruchatz, Jens (2004): Fotografische Gedächtnisse. Ein Panorama medienwissenschaftlicher Fragestellungen. In: Astrid Erll/Ansgar Nünning (Hg.): *Medien des kollektiven Gedächtnisses. Konstruktivität – Historizität – Kulturspezifität*. Berlin, New York: de Gruyter, 38-105.

Sandusky, Sharon (1991): Archäologie der Erlösung: Eine Einführung in den Archivkunstfilm. In: *Blimp*, 16/1991: *Sonderheft Found Footage. Filme aus gefundenem Material*, 14-22.

Sarasin, Philipp (2005): *Michel Foucault zur Einführung*. Hamburg: Junius.

Schaub, Mirjam (2003): *Gilles Deleuze im Kino: Das Sichtbare und das Sagbare*. München: Wilhelm Fink.

Scherer, Christina (2001): *Ivens, Marker, Godard, Jarman: Erinnerung im Essayfilm*. München: Wilhelm Fink.

Scherer, Christina (2005): Melancholie. In: Bettina von Jagow/Florian Steger (Hg.): *Literatur und Medizin. Ein Lexikon*. Göttingen: Vandenhoech + Ruprecht, 524-530.

Scherer, Christina (2006): Zeit/Räume der Melancholie. Reflexionen des melancholischen Zeitbewusstseins im Film. In: Margrit Frölich/Klaus Gronenborn/Karsten Visarius (Hg.): *Kunst der Schatten. Zur melancholischen Grundstimmung des Kinos*. Marburg: Schüren, 65-79.

Steyerl, Hito (2008): *Die Farbe der Wahrheit. Dokumentarismen im Kunstfeld*. Wien: Turia + Kant.

Tröhler, Margrit (1992): Filme aus gefundenem Material – Filme gegen das Vergessen. In: *Filmbulletin* 4/92, Nr. 183, 50-59.

Tröhler, Margrit (2008): Vom Schauwert zur Abstraktion. Filmische Bewegungen des Denkens im Sichtbaren. In: Hans-Georg von Arburg et al. (Hg.): *Mehr als Schein. Ästhetik der Oberfläche in Film, Kunst, Literatur und Theater*. Zürich/Berlin: diaphanes, 151-166.

Tscherkassky, Peter (1992): Die Analogien der Avant-garde. In: Cecilia Hausheer/ Christoph Settele (Hg.): *Found Footage Film*. Luzern: VIPER/Zyklop-Verlag, 26-34.

Tscherkassky, Peter (1995): Die rekonstruierte Kinematografie. Zur Filmavantgarde in Österreich. In: Alexander Horwath/Lisl Ponger/Gottfried Schlemmer (Hg.): *Avantgardefilm. Österreich. 1950 bis heute*. Wien: Wespennest, 9-92.

Wees, William (1992): Found Footage und Fragen der Repräsentation. In: Cecilia Hausheer/ Christoph Settele (Hg.): *Found Footage Film*. Luzern: VIPER/Zyklop-Verlag, 36-53.

Wees, Williams C. (1993): *Recycled Images. The Art and Politics of Found Footage Films*. New York: Anthology Film Archives.

Welsch, Wolfgang (Hg.) (1988): *Wege aus der Moderne. Schlüsseltexte der Postmoderne-Diskussion*. Weinheim: VHC.

Welzer, Harald (2005): *Das kommunikative Gedächtnis. Eine Theorie der Erinnerung*. München: Beck.

White, Hayden (1990): *Die Bedeutung der Form*. Frankfurt a. Main: Fischer. (Originalausgabe engl. 1987).

White, Hayden (1994): Der historische Text als literarisches Kunstwerk. In: Christoph Conrad/ Martina Kessel (Hg.): *Geschichte schreiben in der Postmoderne. Beiträge zur aktuellen Diskussion*. Stuttgart: Reclam, 123-157.

Zyrd, Michael (2002): *Found Footage*-Film als diskursive Metageschichte. Craig Baldwins *Tribulation 99*. In: *Montage/AV*, 11/1/2002, 113-134.

FILM- UND MEDIENWISSENSCHAFT

Herausgegeben von Irmbert Schenk und Hans Jürgen Wulff

ISSN 1866-3397

1 *Oliver Schmidt*
Leben in gestörten Welten
Der filmische Raum in David Lynchs *Eraserhead*, *Blue Velvet*, *Lost Highway* und *Inland Empire*
ISBN 978-3-89821-806-1

2 *Indra Runge*
Zeit im Rückwärtsschritt
Über das Stilmittel der chronologischen Inversion in *Memento*, *Irréversible* und *5 x 2*
ISBN 978-3-89821-840-5

3 *Alina Singer*
Wer bin ich? Personale Identität im Film
Eine philosophische Betrachtung von *Face/Off*, *Memento* und *Fight Club*
ISBN 978-3-89821-866-5

4 *Florian Scheibe*
Die Filme von Jean Vigo
Sphären des Spiels und des Spielerischen
ISBN 978-3-89821-916-7

5 *Anna Praßler*
Narration im neueren Hollywoodfilm
Die Entwürfe des Körperlichen, Räumlichen und Zeitlichen in *Magnolia*, *21 Grams* und *Solaris*
ISBN 978-3-89821-943-3

6 *Evelyn Echle*
Danse Macabre im Kino
Die Figur des personifizierten Todes als filmische Allegorie
ISBN 978-3-89821-939-6

7 *Miriam Grossmann*
Soziale Figurationen und Selbstentwürfe
Schauspieler und Figureninszenierung in Eric Rohmers *Pauline am Strand*, *Vollmondnächte* und *Das grüne Leuchten*
ISBN 978-3-89821-944-0

8 *Peter Klimczak*
40 Jahre ‚Planet der Affen'
Zeitgeist- und Reihenkompatibilität – über Erfolg und Misserfolg von Adaptionen
ISBN 978-3-89821-977-8

9 *Ingo Lehmann*
Ziellose Bewegungen und mediale Selbstauflösung
Das absurde «Genrefilm-Theater» Monte Hellmans
ISBN 978-3-89821-917-4

10 *Gerd Naumann*
Der Filmkomponist Peter Thomas
Von Edgar Wallace und Jerry Cotton zur Raumpatrouille Orion
ISBN 978-3-8382-0003-3

11 *Anja-Magali Bitter*
Die Inszenierung des Realen
Entwicklung und Perzeption des neueren französischen Dokumentarfilms
ISBN 978-3-8382-0066-8

12 *Martin Hennig*
Warum die Welt Superman nicht braucht
Die Konzeption des Superhelden und ihre Funktion für den Gesellschaftsentwurf in US-amerikanischen Filmproduktionen
ISBN 978-3-8382-0046-0

13 *Esther Lulaj*
Nimm (nicht) ab!
Zur Funktion des Telefons im Spielfilm – Von Metropolis bis Matrix
ISBN 978-3-8382-0125-2

14 *Boris Rozanski*
Das ungleiche Liebespaar in der 'Screwball Comedy'
Paarbildung und Selbstfindung von Frank Capras *It Happened One Night* bis zu Jonathan Demmes *Something Wild*
ISBN 978-3-8382-0145-0

15 *Carolin Lano*
Die Inszenierung des Verdachts
Überlegungen zu den Funktionen von TV-mockumentaries
ISBN 978-3-8382-0214-3

16 *Christine Piepiorka*
LOST in Narration
Narrativ komplexe Serienformate in einem transmedialen Umfeld
ISBN 978-3-8382-0181-8

17 *Daniela Olek*
LOST und die Zukunft des Fernsehens
Die Veränderung des seriellen Erzählens im Zeitalter von *Media Convergence*
ISBN 978-3-8382-0174-0

18 *Eleonóra Szemerey*
Die Botschaft der grauen Wand
Über die Vermittlung von Hoffnung und Hoffnungslosigkeit in Aki Kaurismäkis Verlierer-Filmen
ISBN 978-3-8382-0222-8

19 *Florian Plumeyer*
Sadismus und Ästhetisierung
Folter als kultureller und filmischer Exzess im Gegenwartskino
ISBN 978-3-8382-0188-7

20 *Jonas Wegerer*
Der nahe Fremde: Der amerikanische Western in den Kinos der Bundesrepublik Deutschland (1948-1960)
Eine rezeptionshistorische Analyse
ISBN 978-3-8382-0307-2

21 *Peter Podrez*
Der Sinn im Untergang
Filmische Apokalypsen als Krisentexte im atomaren und ökologischen Diskurs
ISBN 978-3-8382-0254-9

22 *Yvonne Augustin*
Episodisches Erzählen im Film
Alejandro González Iñárritus Filmtrilogie AMORES PERROS, 21 GRAMS und BABEL
ISBN 978-3-8382-0335-5

23 *Julia Steimle*
Fiktive Realität – reale Fiktion
Realitätsebenen und ihre Integration im Hollywood-Backstage-Musical, untersucht anhand von THE BROADWAY MELODY, GOLD DIGGERS OF 1933, THE BAND WAGON, ALL THAT JAZZ und MOULIN ROUGE!
ISBN 978-3-8382-0319-5

24 *Jana Heberlein*
Die *Neue Berliner Schule*
Zwischen Verflachung und Tiefe: Ein ästhetisches Spannungsfeld in den Filmen von Angela Schanelec
ISBN 978-3-8382-0407-9

25 *Karoline Stiefel*
Geistesblitze und Genialität – Bilder aus dem Gehirn des Detektivs
Die Visualisierung von Imagination in den TV-Serien SHERLOCK und HOUSE, M.D.
ISBN 978-3-8382-0522-9

26 *Stephanie Boniberger*
Musical in Serie
Von Buffy bis Grey's Anatomy: Über das reflexive Potential der special episodes amerikanischer TV-Serien
ISBN 978-3-8382-0492-5

27 *Phillip Dreher*
Morin und der Film als Spiegel
Eine theoriegeschichtliche Verortung der Filmtheorie von Edgar Morin
ISBN 978-3-8382-0486-4

28 *Marlies Klamt*
Das Spiel mit den Möglichkeiten
Variantenfilme – Zwischen Multiperspektivität und Chaostheorie
ISBN 978-3-8382-0811-4

29 *Ralf A. Linder*
Zwischen Propaganda und Anti-Kriegsbotschaft:
Die Darstellung des Krieges im US-amerikanischen Spielfilm als Indikator gesellschaftlichen Wandels
ISBN 978-3-8382-0750-6

30 *Jana Zündel*
An den Drehschrauben filmischer Spannung
Zeit und Raum bei Alfred Hitchcock.
Verzögerungen und Deadlines, klaustrophobische und expansive Räume
ISBN 978-3-8382-0940-1

31 *Seraina Winzeler*
Filme zwischen Spur und Ereignis
Erinnerung, Geschichte und ihre Sichtbarmachung im Found-Footage-Film
ISBN 978-3-8382-0414-7

***ibidem*-Verlag**

Melchiorstr. 15

D-70439 Stuttgart

info@ibidem-verlag.de

www.ibidem-verlag.de
www.ibidem.eu
www.edition-noema.de
www.autorenbetreuung.de

www.ingramcontent.com/pod-product-compliance
Ingram Content Group UK Ltd.
Pitfield, Milton Keynes, MK11 3LW, UK
UKHW040027200726
13854UKWH00001B/390